핑고자수의
개성 가득
자수 소품 레시피
●
Pingo
Embroidery

핑고자수의
개성 가득
자수 소품 레시피

●

Pingo Embroidery

일상 속 재미난 생각을
자수로 표현한
특별한 소품 이야기

이영미 지음

팜파스

Pingo
Embroidery

Prologue

일상 속의 재미난 생각이나 아이디어를 어떠한 방식이나 형태로 표현하는 것은 결과에 대한 기대감으로 무척 흥미로운 작업입니다.
물론 생각과는 다른 완성물이나 과정 속에서 생각지도 못한 까다로움이 발생할 때도 있지만요.

자수는 실과 바늘로 많은 것을 표현합니다. 간단한 스티치의 변화나 다양한 색상의 실을 이용해 각자의 이미지를 만들어내는 것입니다.

이 책 속엔 일상에서 생각난 약간 재미있고 웃기는 생각, 왠지 분위기 있는 느낌, 조금은 쓰임이 있을 듯한 자수를 저의 느낌으로 표현했습니다. 단순하게 생각했다 혼돈으로 빠진 것도 있고, 결과물이 생각보다 잘 나와 잠시 잘난 척했던 자수도 포함되어 있어요.

자수가 처음이시거나, 아니면 벌써 만나고 있으신 분 누구나 이 책을 통해 작은 즐거움을 가졌으면 합니다.

Contents

프롤로그   005

BASIC
자수의 시작

Basic 01 재료와 도구	012
Basic 02 자수의 시작과 끝	016
Basic 03 이 책에서 사용한 스티치	020
Basic 04 소품 만들기 TIP	044
Basic 05 도안 보는 법	049

WORK
소품 만들기

01

간단 스티치로 만드는 052
티 코스터

02

댄스 댄스 가방 장식 056

03

선풍기로는 부족해 064

04

호두 핀 쿠션 072

05

가랜다 079

06

따뜻한 스웨터 브로치　　　089

07

솔방울 카드지갑　　　098

08

스트라이프에서 헤엄치기　　　104
파우치

09

아일릿 워크와　　　110
컷 워크를 이용한 소품

10

입체 모빌 만들기　　　124

자수를 재미있게 오래하기 위해 필요한 마음가짐과 도구 준비

자수를 시작하기 전 약간 느긋한 마음으로 무엇을 수놓을지, 어떤 용도로 이용할지 생각합니다.

도안이 없다면 직접 그려 도안을 준비합니다.

자수를 놓다가 안 되면 실뜯개로 뜯으면 되니 걱정 없이 시작합니다.

P i n g o
Embroidery

BASIC

 자수의 시작

| Basic01 | 재료와 도구 |

※ 재료-자수용 실 ※

1. 25번사

25번사는 자수에 가장 많이 이용되는 실로 면사 여섯 올로 구성되어 있습니다. 사용할 때는 한 올씩 뽑아 정리해서 사용합니다(자수 실은 숫자가 클수록 가는 실입니다). 이 책에서는 DMC 25번사를 주로 사용했지만 앵커 25번사도 자수에 많이 쓰입니다. 두 가지 모두 색상이 다양하므로 광택이나 채도 차이를 비교해 사용하면 좋을 듯합니다.

2. 울사

울사는 겨울용 의류나 입체적인 느낌을 낼 때 많이 사용합니다. DMC 울사는 뜨개용 실로 보이는 도톰한 느낌으로 폼폼이를 만들거나 포인트용으로 이용합니다. 애플톤 울사는 DMC 울사보다 가늘고 따뜻한 질감으로 니트나 입체자수 꽃등을 표현할 때 주로 사용합니다.

3. 발다니 8번 복합사

식물을 표현하거나 입체자수에 많이 쓰이고 자연스러운 느낌이 납니다.

4. 기타 실

일반 뜨개용 털실, 다양한 브랜드의 실, 자수 전용이 아닌 실 등 소재의 제한 없이 다양한 실로 다양한 표현을 합니다.

※ 기타 도구 ※

1. 다용도 본드

브로치를 만들거나 모빌 버섯 만들 때 시접을 접어 고정시키는 용도입니다.

2. 컷 워크 가위

컷 워크나 브로치를 만들 때 섬세한 부분을 자르는데 이용합니다.

3. 송곳

아일릿 워크 작업 시 구멍을 낼 때 이용합니다.

4. 비즈, 접착식 펠트지, 핀

브로치 작업 시 사용합니다.

5. 패브릭 물감

그림물감처럼 사용하면 되는데 물의 양을 조절해 번지지 않도록 조심합니다.

6. 마 끈

캠핑 가랜다 자수를 할 때 카우칭 스티치의 바탕실로 사용합니다.

✕ 도구 ✕

1. 수틀

원단을 고정시키는 역할을 하며 수놓는 중에 원단을 수시로 팽팽하게 해줍니다. 사이즈는 작품마다 다르지만 원목 재질의 지름 10.5cm를 많이 사용합니다. 호두 핀 쿠션 등 작은 소품은 지름 7.5cm의 꽈배기 수틀이 편리합니다.

2. 자수용 바늘

자수용 바늘은 호수가 클수록 바늘이 가늘어집니다. 25번사 두 올, 세 올인 경우 크로바 바늘 6호, 7호를 주로 사용합니다. 애플톤 울사는 바늘귀가 큰 서닐 바늘을 이용하면 편하지만 없는 경우엔 크로바 바늘 3호를 이용할 수도 있습니다.

3. 원단

린넨이나 무명, 광목을 주로 사용합니다. 수축이 있는 원단은 선 세탁 후 수를 놓습니다. 캔버스 원단, 옥스퍼드 원단 등 다양한 원단에 시도해보는 것도 가능합니다.

4. 수성펜

원단에 도안을 그릴 때 사용하는 도구로 물로 지워집니다. 열이 닿으면 다시 색이 드러나므로 물을 충분히 뿌려줍니다.

5. 철필

초크페이퍼를 이용해 도안을 옮길 때 사용합니다. 없을 때는 볼펜이나 뾰족한 도구를 이용합니다.

6. 자수용 가위

끝이 뾰족한 것이 좋은데 평소 사용하는 쪽가위를 사용해도 됩니다. 어린아이나 반려동물이 있는 경우엔 바늘과 가위는 특히 조심합니다.

7. 초크페이퍼

원단에 올리고 도안을 옮길 때 사용합니다. 문구용 먹지는 잘 지워지지 않아 가급적 사용하지 않습니다. 혹시 사용할 때는 연하게 그려 수성펜으로 다시 그려줍니다.

8. 수용성 부직포 심지

부직포에 먼저 도안을 그려 원단에 고정시킨 후 자수를 놓습니다. 수를 다 놓은 후 물에 녹여줍니다.

9. 트레싱지

책이나 따로 그려진 도안을 트레싱지에 비쳐 도안을 그립니다.

| Basic 02 | 자수의 시작과 끝 |

✕ 도안 옮겨 그리기 ✕

방법 1

1 준비한 도안을 트레싱지로 옮겨줍니다.

2 원단, 초크페이퍼, 도안이 그려진 트레싱지 순으로 올린 후 철필이나 뾰족한 펜으로 그려줍니다.

방법 2

1 부직포를 도안에 직접 대고 열펜이나 연필을 이용해 옮깁니다(열펜은 물에 담그기 전에 드라이기로 선을 지우면 되지만 연필은 밝은색 원단이나 밝은색 실을 사용할 때 이염 가능성이 있습니다).

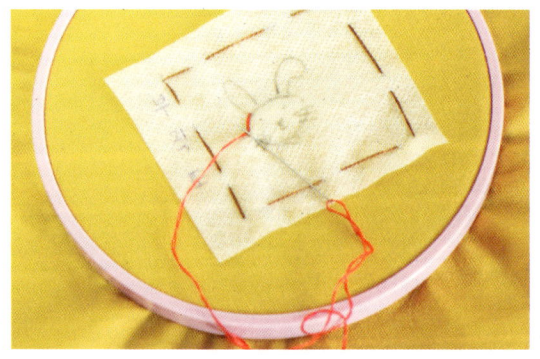

2 도안이 그려진 부직포를 원단에 부착(시침질) 후 부직포에 그려진 선을 따라 수놓은 다음 물에 담그면 부직포가 사라집니다(물에 담그기 전에 열펜은 드라이기로 선을 지우면 되지만 연필은 원단에 이염 가능성이 있어 밝은색 원단이나 밝은색 실을 사용할 때는 부적합합니다). 간혹 부직포의 풀기가 남아 원단이 풀 먹인 상태가 될 때도 있으니 충분히 풀기를 빼줍니다.

✂ 수틀에 원단 끼우기 ✂

수놓을 부분이 손이랑 가까운 곳으로 오게 하고 원단의 올을 바르게 한 후 나사를 조아 고정합니다. 손의 힘으로 나사가 잘 조이지 않으면 드라이버를 이용하고 수시로 원단의 팽팽함을 유지합니다.

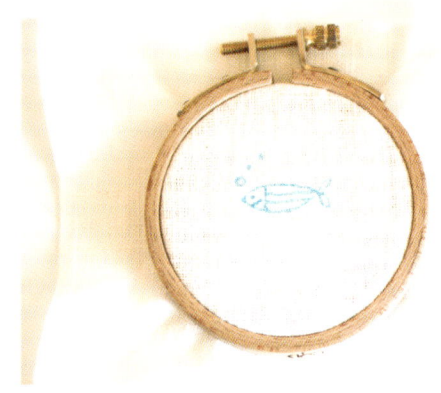

✂ 실 꿰기 ✂

1 실을 접어 바늘머리에 걸어줍니다.

2 팽팽하게 잡아당겨 납작하게 만들어줍니다.

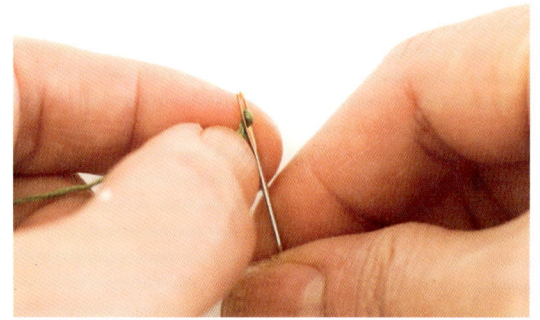

3 손끝으로 납작한 실을 바늘에 넣어줍니다.

✂ 매듭 ✂

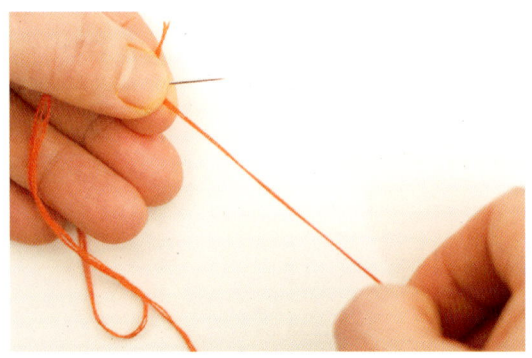

1 바늘에 꿰어진 실 중 긴 쪽을 바늘과 십자가 모양으로 두고 엄지로 누르고 있습니다.

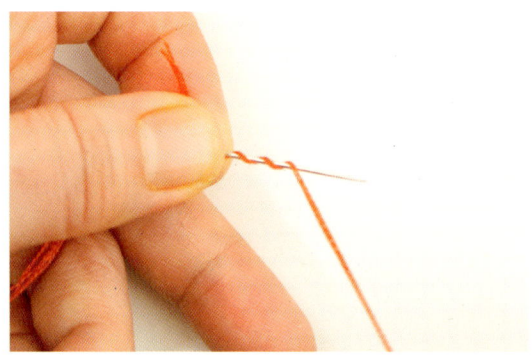

2 그 실을 바늘에 2회 정도 감아줍니다.

3 감아진 부분을 엄지로 누른 상태에서 바늘을 빼내면 매듭이 생깁니다.

4 길게 남은 매듭은 조금 잘라 정리합니다.

✂ 자수 후 뒤편 정리 ✂

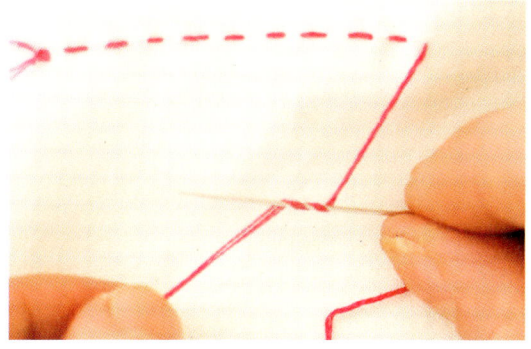

1 바늘로 실을 2번 정도 감아줍니다(팽팽함을 유지한 상태로).

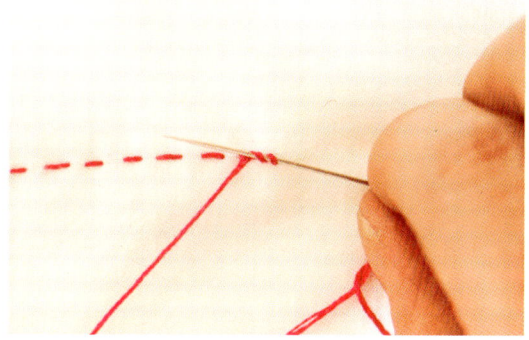

2 2번 정도 감아준 부분이 매듭이 생기게 바닥으로 붙입니다.

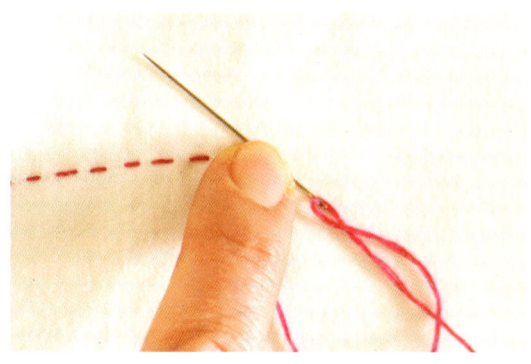

3 검지로 누른 상태에서 바늘을 뽑아줍니다.

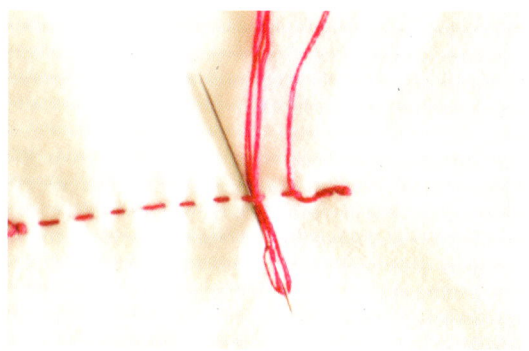

4 수놓아진 바늘땀을 2, 3회 감아서 마무리합니다.

뒷면의 면이 촘촘한 경우

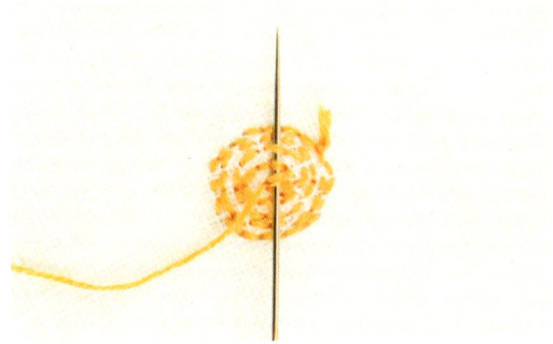

면이 많이 보이는 경우엔 면 사이로 2, 3회 통과시켜 줍니다.

Basic02　이 책에서 사용한 스티치

✕ 러닝 스티치 ✕

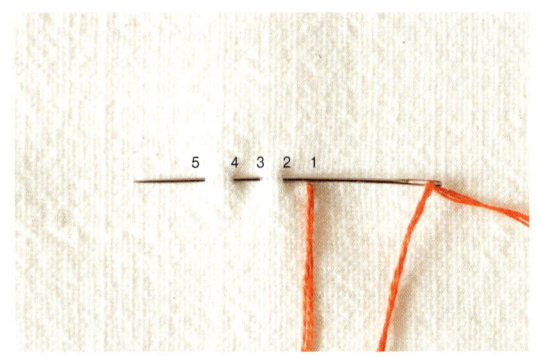

1 바늘을 1에서 빼고 2로 넣은 후 3에서 빼고 4에 넣고 5에서 뺍니다. 가능한 같은 간격으로 수놓고 한 번에 2~3땀을 뜹니다.

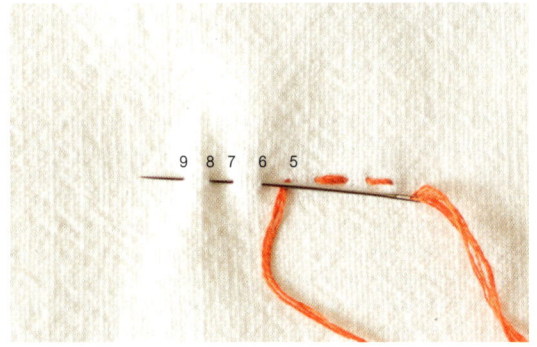

2 바늘을 6에 넣고 7에서 빼고 8에 넣고 9에서 뺍니다. 도안선을 따라 진행합니다.

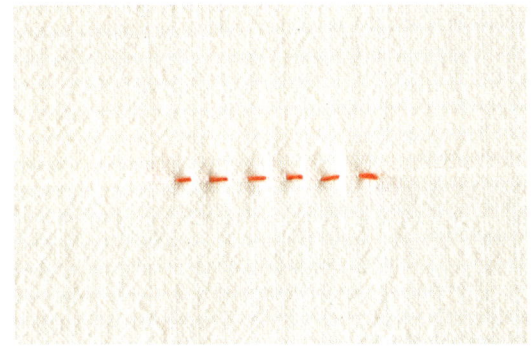

3 완성

✄ 레이즈드 리프 스티치 ✄

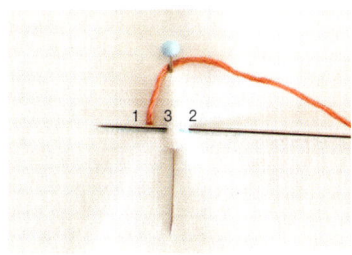 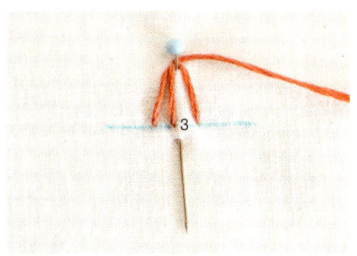 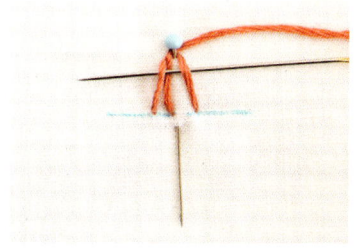

1 핀을 세로로 꽂고 1에서 실을 뽑아 핀의 머리에 감고 2번으로 넣어줍니다 (삼각형 모양이 나오도록). 2번으로 들어간 바늘은 3번으로 나옵니다.

2 3에서 나온 바늘은 다시 핀의 머리를 감아 3개의 줄이 생기게 합니다.

3 가장 오른쪽 줄과 가장 왼쪽 줄을 같이 통과시킵니다.

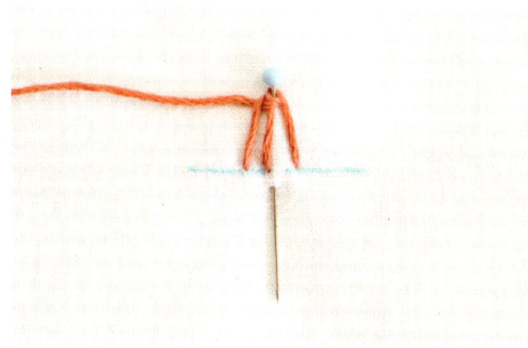 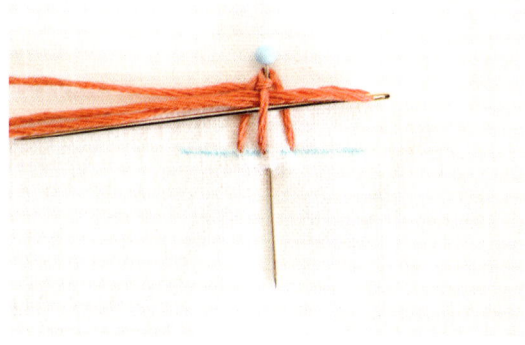

4 통과시킨 후에 힘을 주어 실이 느슨해지지 않게 합니다.

5 이번엔 중간 줄만 통과합니다.

6 3, 4, 5번째 과정을 반복합니다. 이때 모양이 흐트러지지 않게 실을 조심스럽게 당겨줍니다.

7 4에서 바늘을 뽑아 5로 넣어 마무리합니다.

✂ 레이지 데이지 스티치 ✂

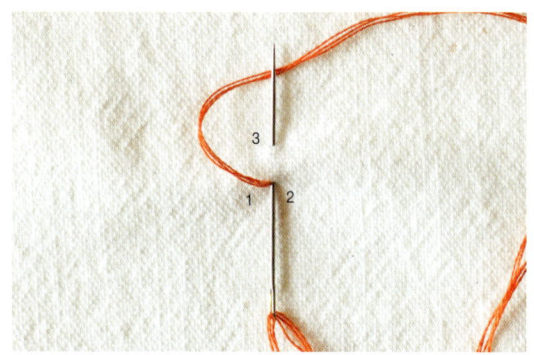

1 바늘을 1에서 빼고 2로 넣은 후 3에서 뺍니다. 이때 실은 1의 왼쪽에서 3으로 나온 바늘 아래로 감아주어 고리가 생기게 합니다.

2 빼낸 실은 만들어진 고리의 크기를 유지하면서 조금 당깁니다.

3 고리 바로 바깥쪽 4에 바늘을 넣어줍니다.

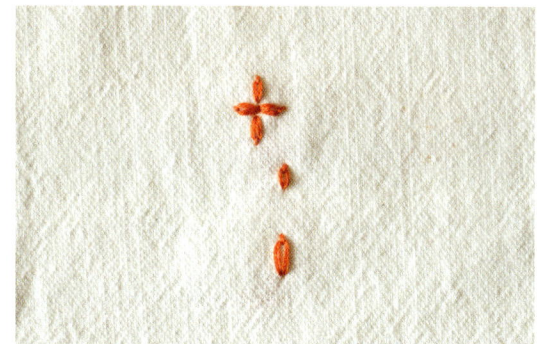

4 완성

✕ 롱 앤드 쇼트 스티치 ✕

1 첫 번째 단은 긴 땀과 짧은 땀을 반복해서 뜹니다.

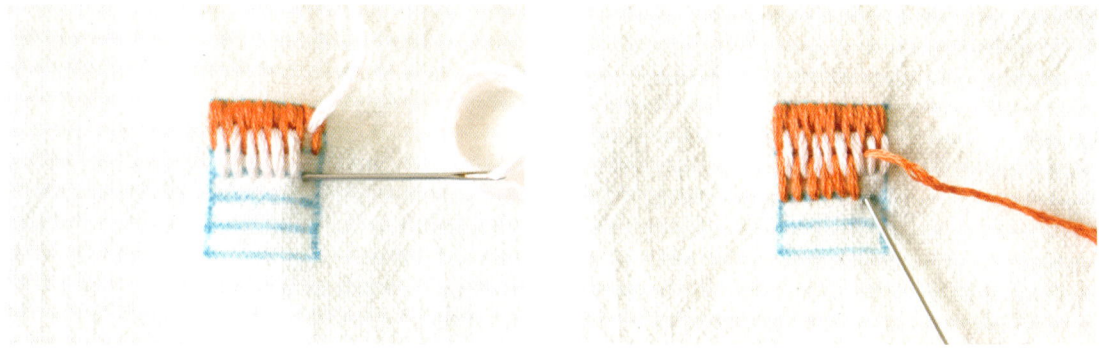

2 둘째 단부터는 긴 땀과 짧은 땀 사이에 긴 땀만 수놓아 면을 채웁니다.
이 과정을 반복합니다.

3 마지막에는 다시 긴 땀과 짧은 땀을 반복해서 면을 채웁니다.   **4** 완성

✕ 리버스 체인 스티치 ✕

1 약 0.2cm 정도로 한 땀 뜹니다.

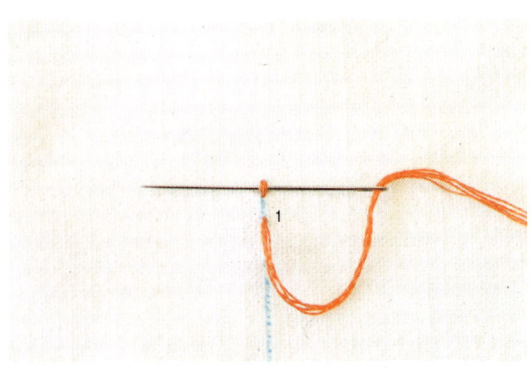

2 바늘을 1에서 빼고 처음의 작은 땀에 바늘을 통과시킵니다.

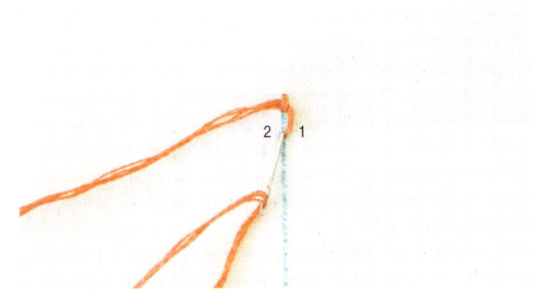

3 통과한 바늘을 2에 넣습니다(1과 2는 같은 구멍으로 보아도 됩니다).

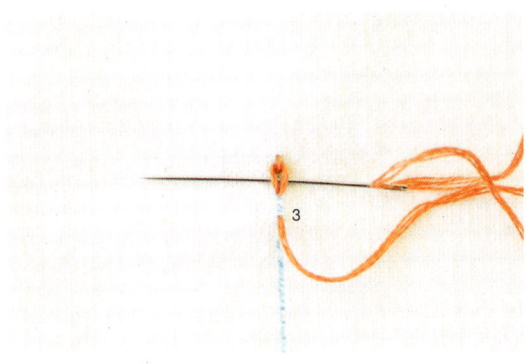

4 바늘을 3에서 빼고 처음 만들어진 고리 안으로 통과시킵니다. 처음 사슬과 같은 사이즈를 유지합니다.

5 사슬을 통과한 바늘은 4에 넣습니다(3=4).

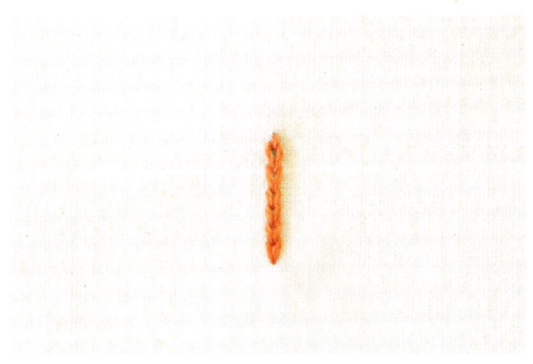

6 완성

✂ 백 스티치 ✂

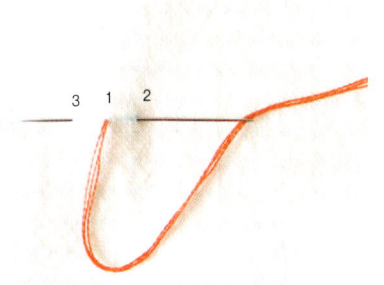 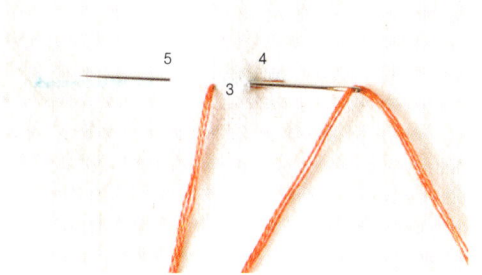

1 오른쪽에서 왼쪽으로 진행합니다. 바늘을 1에서 빼고 한 땀만큼 오른쪽으로 가서 2에 넣고 두 땀만큼 왼쪽으로 가서 3에서 뺍니다.

2 한 땀 되돌아가서 4에 넣고 두 땀 왼쪽으로 가서 5에서 뺍니다. 이 과정을 반복합니다.

3 완성

✗ 번들 스티치 ✗

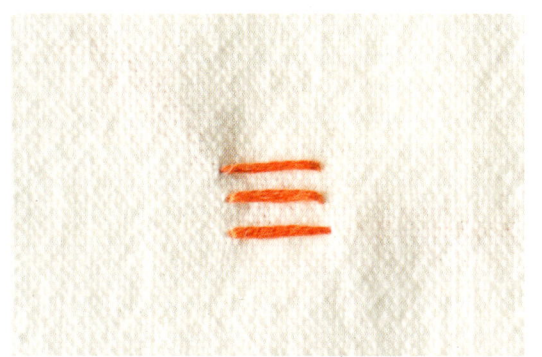

1 스트레이트 스티치로 세 땀을 나란히 뜹니다.

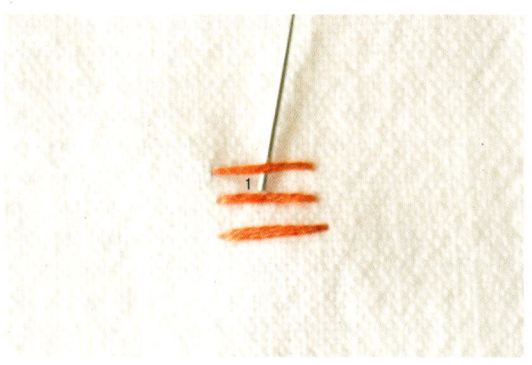

2 바늘을 가운데 선 중심 1에서 뺍니다.

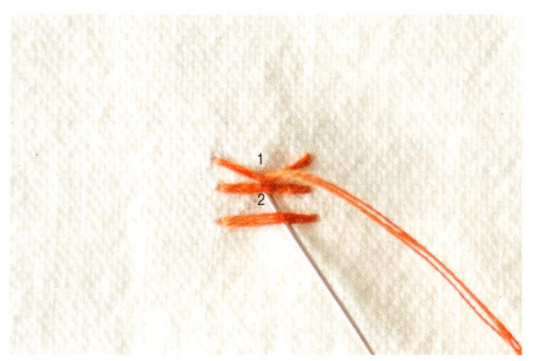

3 1에서 뺀 바늘로 세 줄을 모두 묶어 가운데 선 중심 2에 넣습니다.

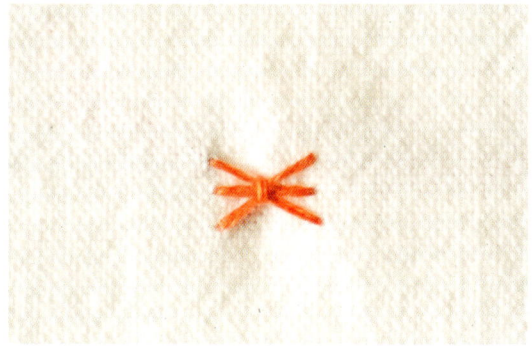

4 완성

✂ 블랭킷 스티치 ✂

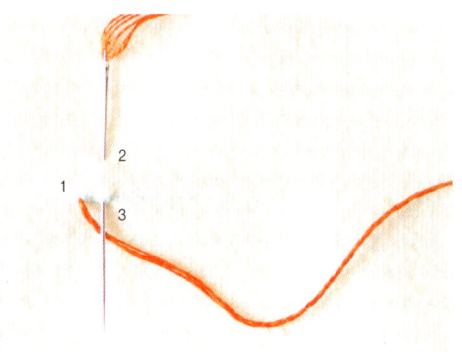

1 바늘을 1에서 빼서 2로 넣은 후 3에서 뺍니다. 이때 실은 3으로 나온 바늘 아래에 둡니다.

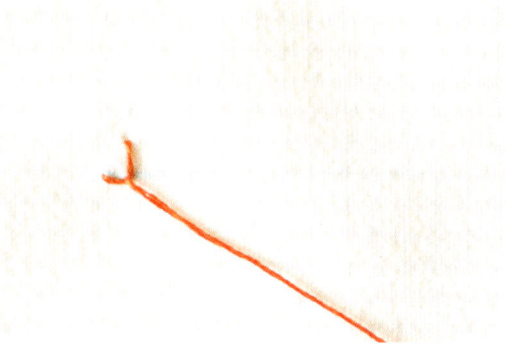

2 실을 살짝 당겨줍니다.

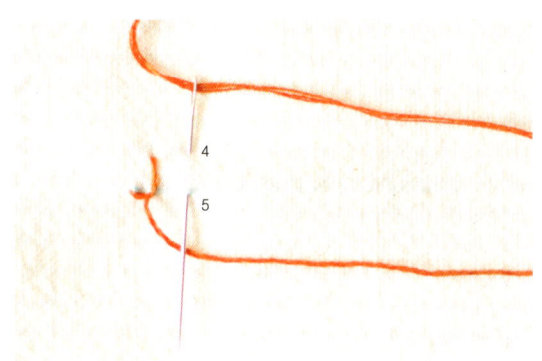

3 바늘을 4에 넣고 5에서 빼기를 반복합니다.

4 완성

✳ 블리온 스티치 ✳

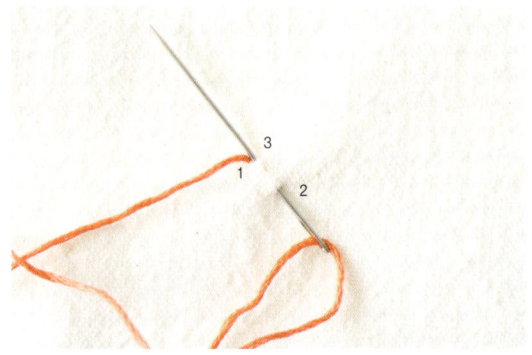

1 바늘을 1에서 빼고 2에 넣은 후 3에서 바늘의 3분의 2 정도만 뺀 상태로 유지합니다.

2 왼쪽 손가락으로 바늘을 받치고 균일하게 실을 감아줍니다(실은 감는 횟수에 따라 입체감이 달라집니다).

3 왼쪽 엄지손가락과 검지손가락으로 감은 실을 잘 누른 상태에서 천천히 바늘을 뺍니다.

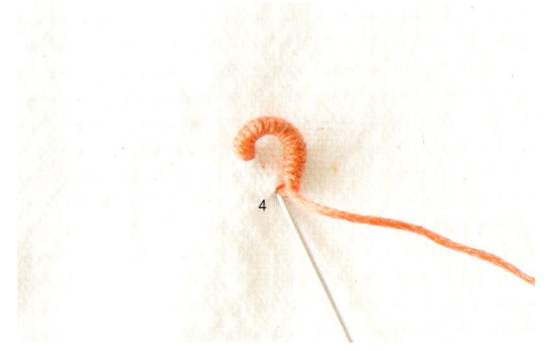

4 실이 잘 정리된 후 바늘을 4에 넣습니다(실이 잘 정리되지 않으면 손가락으로 실이 감긴 부분을 왔다 갔다 하면서 문지릅니다).

5 완성

✕ 새틴 스티치 ✕

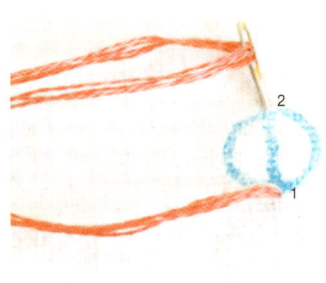

1 채워야 하는 면을 반으로 나누어 바늘을 1에서 빼고 2에 넣습니다.

2 위 과정을 반복합니다. 이때 실이 꼬이지 않고 평행하게 합니다.

3 반대편도 동일하게 면을 채웁니다.

4 완성

✕ 쉐브론 블랭킷 스티치 ✕

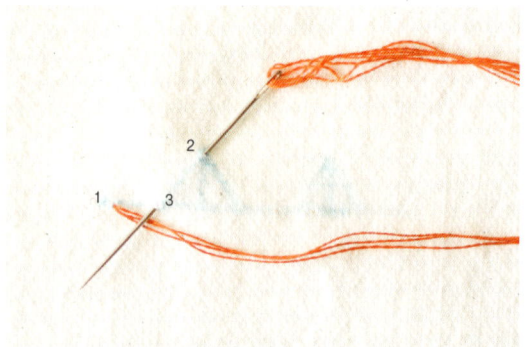

1 바늘을 1에서 빼고 2에 넣은 후 3에서 뺍니다. 이때 실은 3에서 나온 바늘 아래에 둡니다.

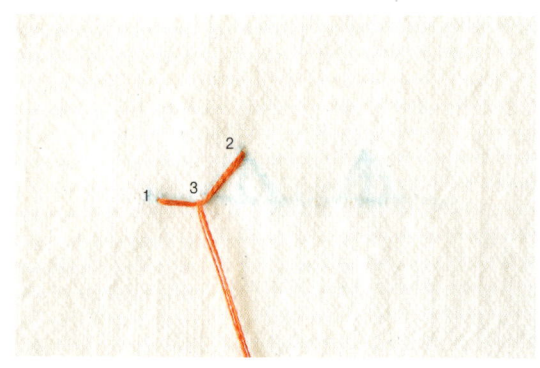

2 실을 살짝 당깁니다.

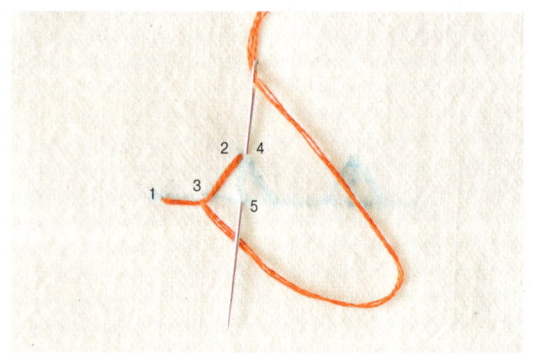

3 바늘을 도안의 삼각형 꼭짓점 4에 넣고 5에서 뺍니다. 이때 실을 5에서 나온 바늘 아래에 둡니다.

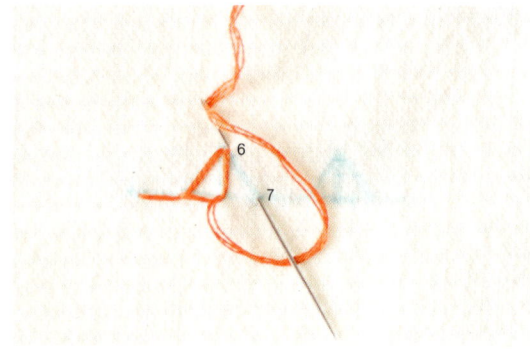

4 바늘을 꼭짓점 6에 넣고 7에서 뺍니다.

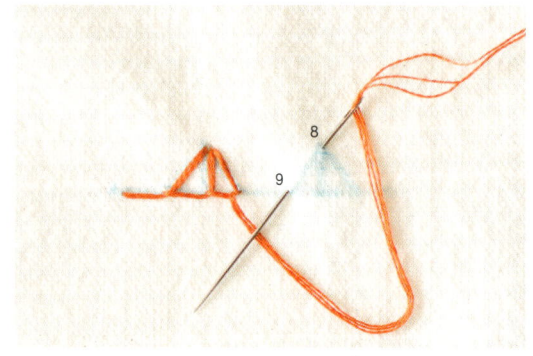

5 바늘을 8에 넣고 9에서 뺍니다. 위 과정을 반복합니다.

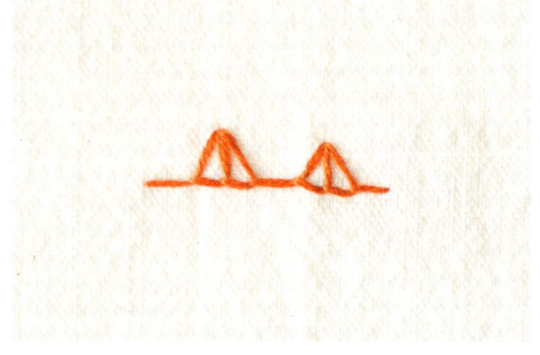

6 완성

✂ 스미르나 스티치 ✂

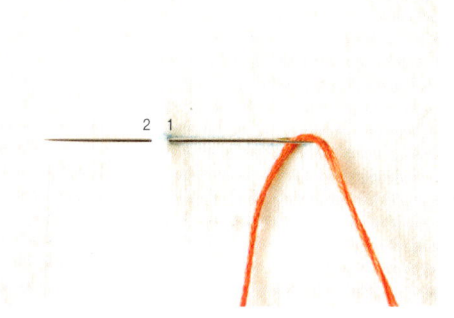

1 바늘을 1에 넣고 2에서 뺍니다. 이때 실은 매듭짓지 않고 원하는 길이만큼 아래로 남겨둡니다.

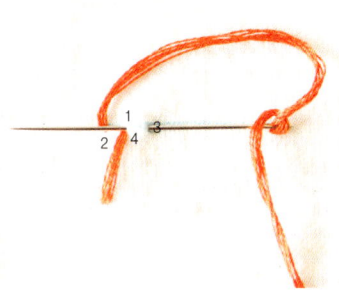

2 실을 위쪽으로 향하게 합니다(밑의 실을 고정하는 역할). 바늘을 3에 넣고 4에서 뺍니다.

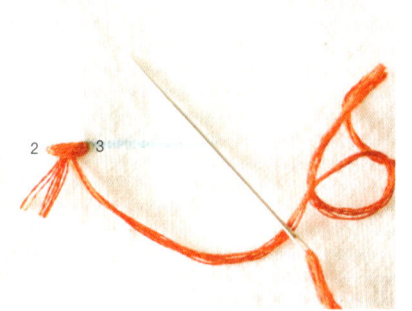

3 2에서 3의 땀이 밑의 두 실을 고정시켜 줍니다.

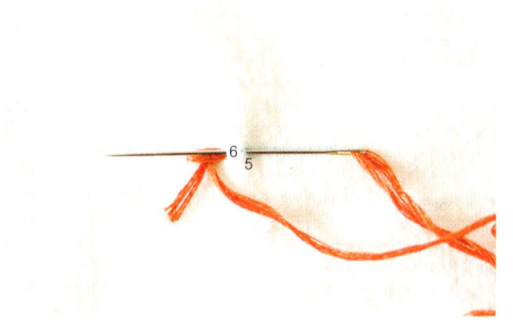

4 실의 길이를 맞춰가며 다시 5에서 넣고 6에서 뺍니다.

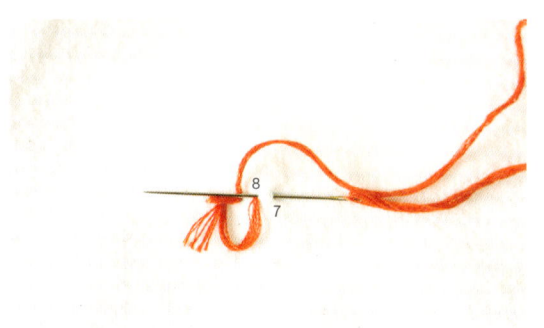

5 다시 실을 위로 향하게 하고 7에 넣고 8에서 뺍니다. 위의 과정을 반복합니다.

5 완성 후 실의 길이를 다듬어줍니다.

✄ 스트레이트 스티치 ✄

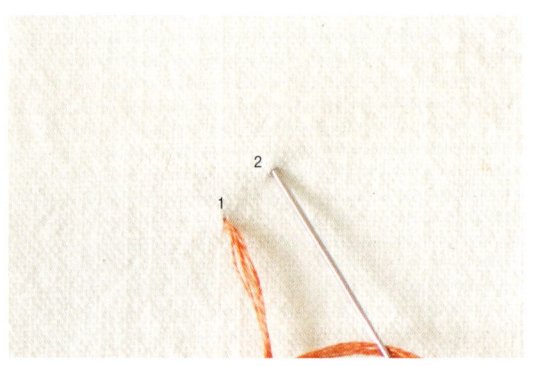 

1 바늘을 1에서 빼고 2에 넣는 과정을 반복합니다.

2 완성

✄ 아우트라인 필링 스티치 ✄

1 아우트라인 스티치로 면을 채울 때 사용합니다. 일정한 방향으로 촘촘하게 수를 놓습니다.

✳ 아우트라인 스티치 ✳

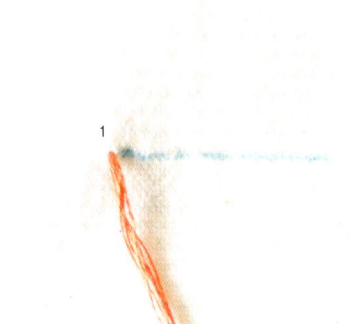

1 바늘을 1에서 뺍니다.

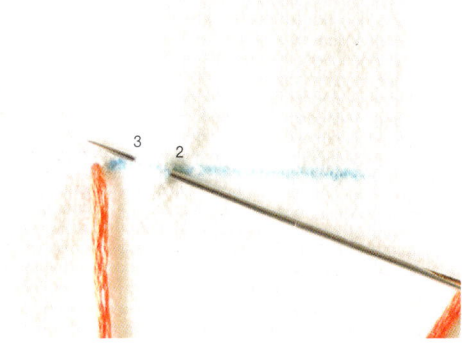

2 오른쪽으로 한 땀 가서 바늘을 2에 넣고 다시 반 땀 정도 왼쪽으로 와서 3에서 뺍니다. 이때 실은 아래에 있습니다.

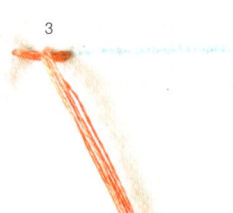

3 3에서 뺀 실을 아래로 살짝 당깁니다.

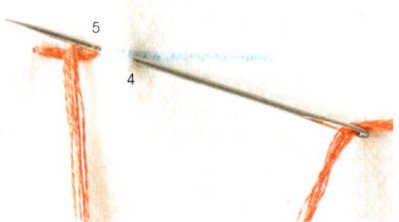

4 바늘을 4에 넣고 5에서 뺍니다. 이때 2와 3 사이의 간격을 유지하고 실은 항상 아래로 향합니다.

5 완성

✄ 위빙 스티치 ✄

1 세로로 스트레이트 스티치를 평행하게 둡니다.

2 바늘을 1에서 뺍니다. 바늘을 왼쪽 방향으로 세로줄을 한 칸씩 건너뛰면서 통과합니다.

3 바늘을 2에 넣고 3에서 뺍니다.

4 돌아갈 때는 처음과 반대로 한 칸씩 건너뛰면서 통과합니다. 이 과정을 반복합니다.

5 완성

✂ 체인 스티치 ✂

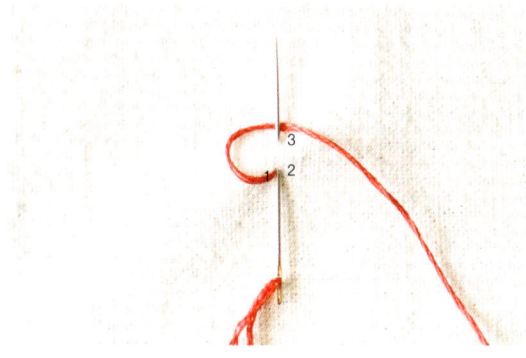

1 바늘을 1에서 빼고 2에 넣은 후 3에서 뺍니다. 실은 1의 왼쪽에서 3으로 나온 바늘 아래로 감아 고리를 만들어줍니다.

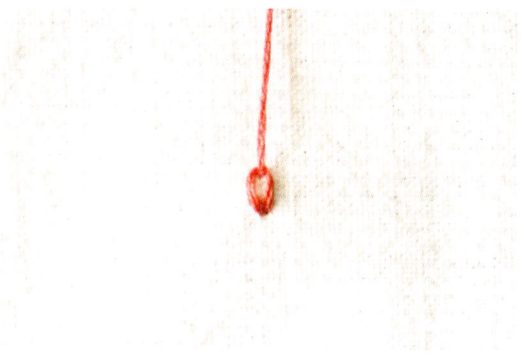

2 처음 만들어진 고리가 작아지지 않게 조금 당깁니다.

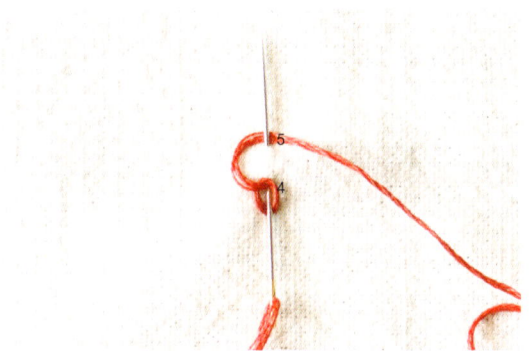

3 바늘을 만들어진 고리 안의 4에 넣고 5에서 뺍니다. 이 과정을 반복합니다. 이때 고리의 크기는 일정하게 유지합니다.

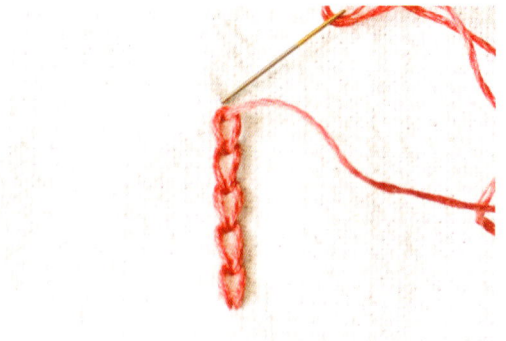

4 고리 바깥 바로 뒤에 바늘을 꽂아 마무리합니다.

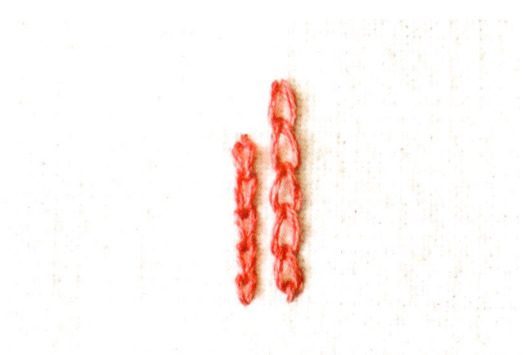

5 완성

✂ 카우칭 스티치 ✂

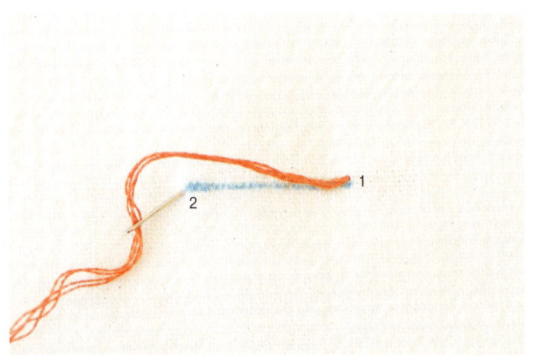

1 바탕실을 먼저 1에서 뽑아 도안을 따라 2에 넣어줍니다 (2에 넣은 실은 매듭짓지 않은 상태를 유지합니다).

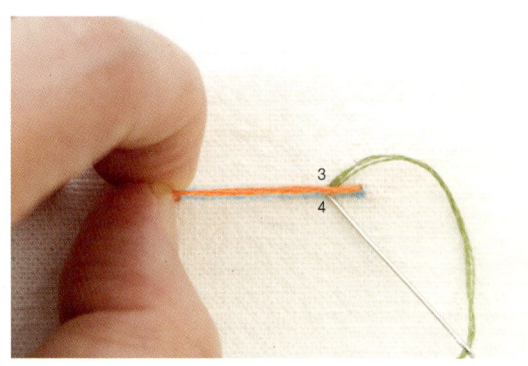

2 바탕실은 한손으로 잡고 고정용 실을 3에서 뽑아 4로 넣어 바탕실을 고정합니다.

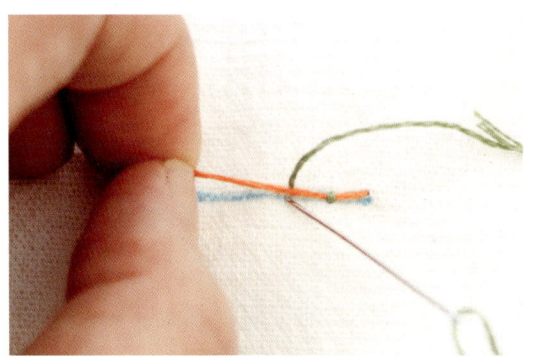

3 위 과정을 일정한 간격으로 진행합니다.

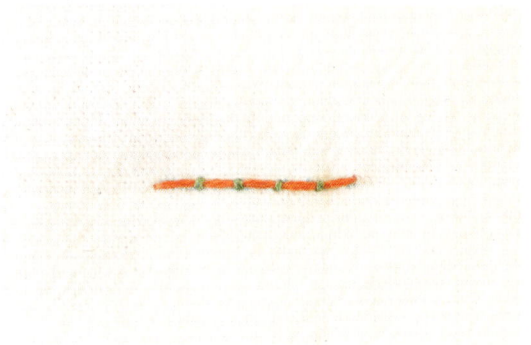

4 도안을 따라 고정하는 과정이 끝나면 바탕실을 먼저 매듭짓고 마지막에 고정용 실을 매듭짓습니다.

✂ 코럴 스티치 ✂

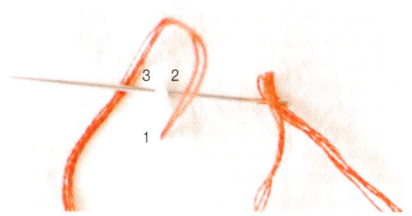

1 바늘을 1에서 빼고 2에 넣은 후 3에서 뺍니다(2와 3사이는 작게 한 땀을 뜹니다). 1에서 나온 실로 바늘 앞부분을 감아줍니다.

2 실이 헐거워지지 않게 살짝 당깁니다.

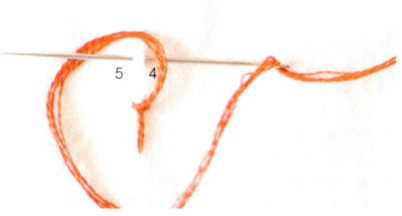

3 바늘을 4에 넣고 5에서 뺍니다. 실로 바늘 앞부분을 감아줍니다. 이 과정을 반복합니다.

4 완성

✕ 크로스 스티치 ✕

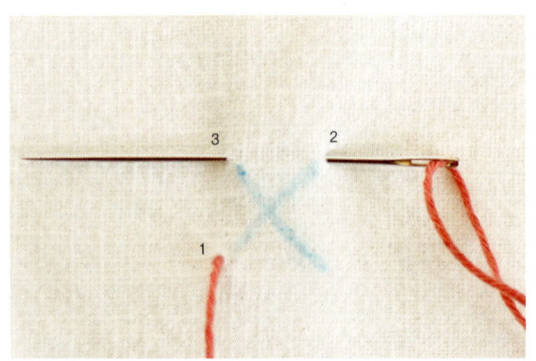

1 바늘을 1에서 빼고 2에 넣은 후 3에서 뺍니다.

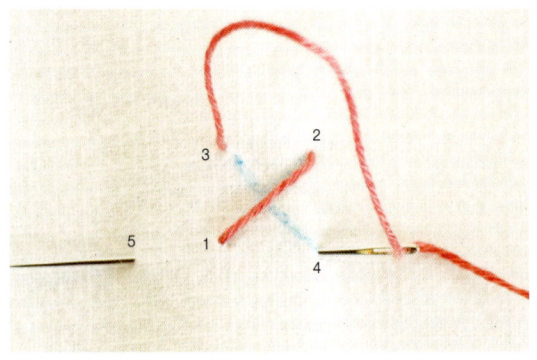

2 바늘을 4에 넣고 5에서 뺍니다. 이 과정을 반복합니다.

3 완성

✳ 패디드 새틴 스티치 ✳

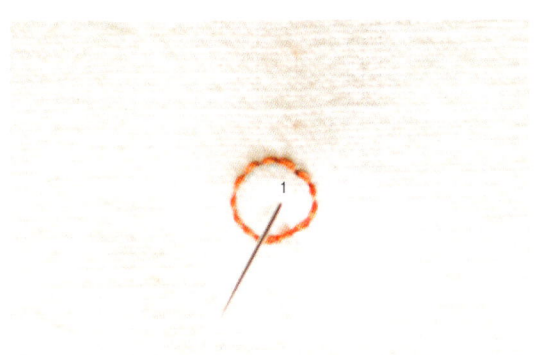

1 도안 테두리를 아우트라인 스티치나 백 스티치로 수놓습니다. 바늘을 수놓은 테두리 안의 1에서 뺍니다.

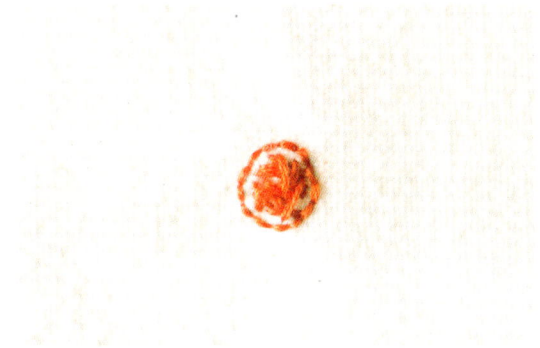

2 러닝 스티치나 스트레이트 스티치로 도안 안을 도톰하게 채웁니다.

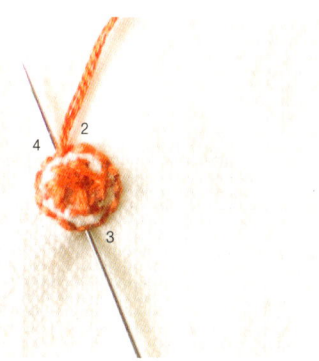

3 도안의 면적을 반으로 나눠 바늘을 2에서 빼고 3에 넣은 후 4에서 뺍니다. 새틴 스티치와 같은 방법으로 진행합니다.

4 나머지 반대편도 동일한 방법으로 면을 채웁니다.

5 완성

✕ 프렌치 노트 스티치 ✕

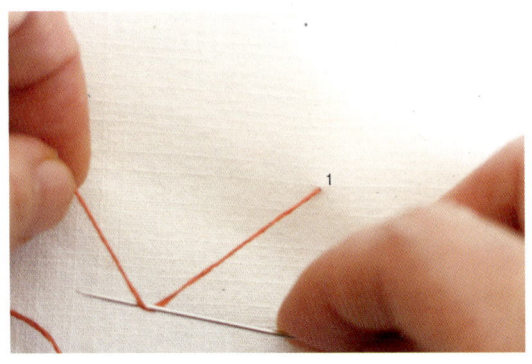

1 바늘을 1에서 뺍니다. 왼손으로 실을 잡고 바늘을 원단에서 약 1.5cm 거리의 실 위에 둡니다.

2 실을 2~3번 감아줍니다. 이때 왼손으로 실을 팽팽하게 잡아줍니다.

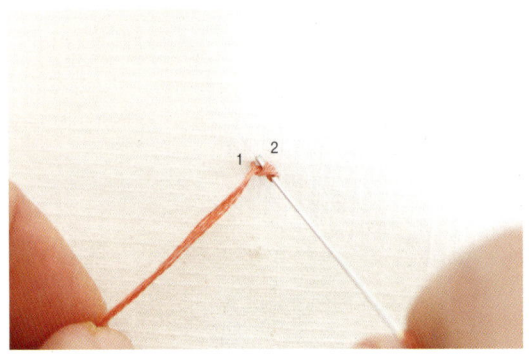

3 감은 매듭이 원단에 닿게 한 후 바늘을 2에 넣습니다. 이때도 왼손은 실을 당기고 있어야 합니다.

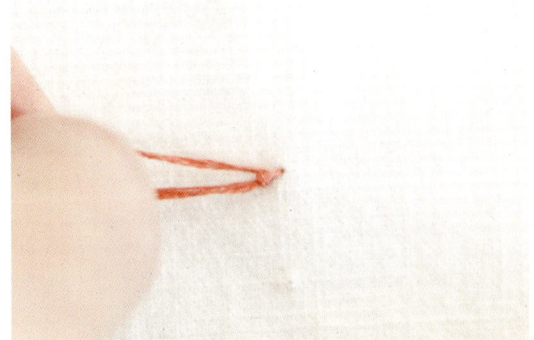

4 감은 실이 동그란 매듭처럼 완전히 원단에 자리를 잡기 전까지 왼손은 실을 잡고 있고 오른손은 천천히 당겨줍니다.

5 완성

✂ 플라이 스티치 ✂

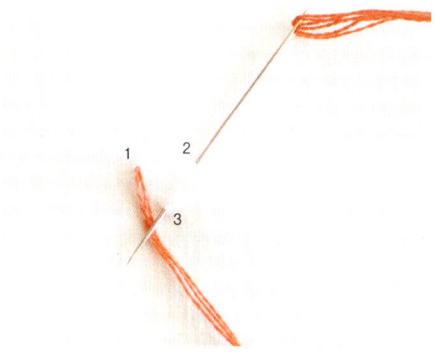 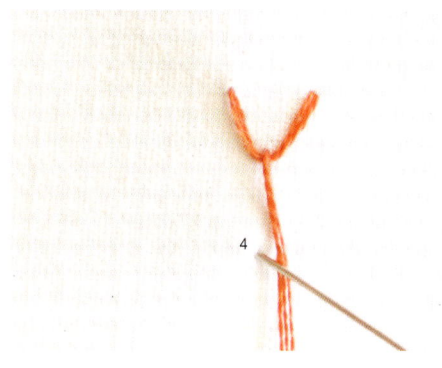

1 바늘을 1에서 빼고 2에 넣은 후 3에서 뺍니다. 이때 실을 3으로 나온 바늘 밑에 둡니다.

2 바늘을 4에 넣습니다.

3 완성

✕ 플랫 스티치 ✕

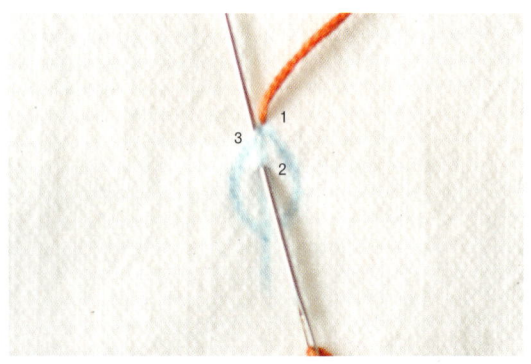

1 바늘을 나뭇잎 도안의 꼭짓점 1에서 뺀 후 중심선 2에 넣고 3에서 뺍니다. 도안을 따라 중심에서 사선 방향으로 바늘을 꽂습니다.

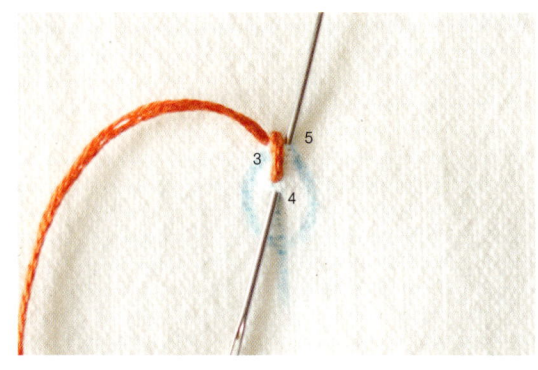

2 다시 바늘을 중심선 4넣고 5에서 뺍니다.

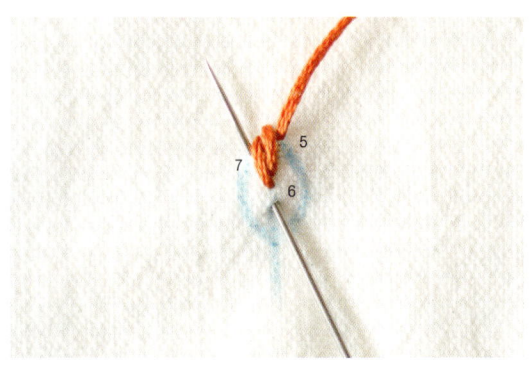

3 도안을 따라 반복적으로 6에 넣고 7에서 뺍니다.

4 도안을 따라 마무리합니다.

5 완성

휠 스티치

1 세로 방향으로 스트레이트 스티치를 수놓습니다. 1번 줄과 2번 줄 사이에서 바늘이 나오는데 1번 줄에 더 가까운 곳에서 바늘을 빼줍니다.

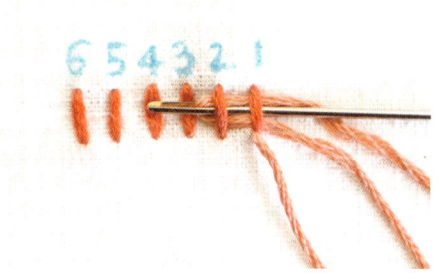

2 바늘을 1번과 2번 줄에 동시에 통과시킵니다.

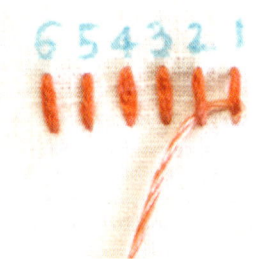

3 통과시킨 후 모습

4 2번과 3번, 3번과 4번, 4번과 5번, 5번과 6번을 순서대로 바늘을 통과시킵니다(차례대로 2줄씩 통과).

5 5번과 6번 통과 후 5번과 6번 사이에 바늘을 꽂아줍니다. 이때 6번에 더 가깝게 바늘을 꽂습니다.

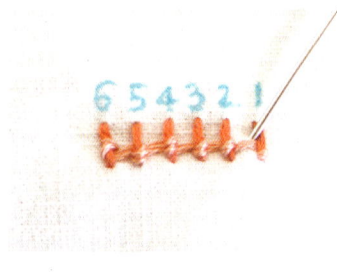

6 다시 1번과 2번 사이에서 바늘을 빼서 위의 방법과 동일하게 진행합니다.

7 완성

Basic04 소품 만들기 TIP

✂ 실꼬기 ✂

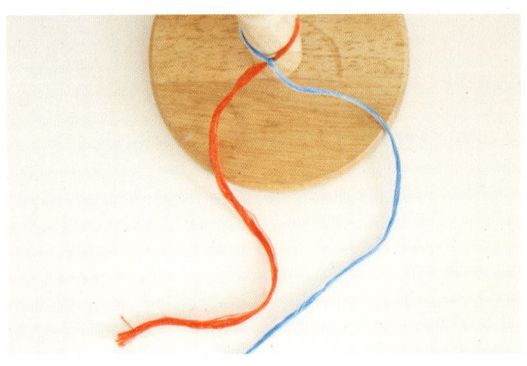

1 필요한 실의 2배 길이로 준비한 후 기둥에 묶어 고정하거나 테이프로 단단히 고정합니다. 이때 실의 올 수는 양쪽이 동일하게 준비합니다.

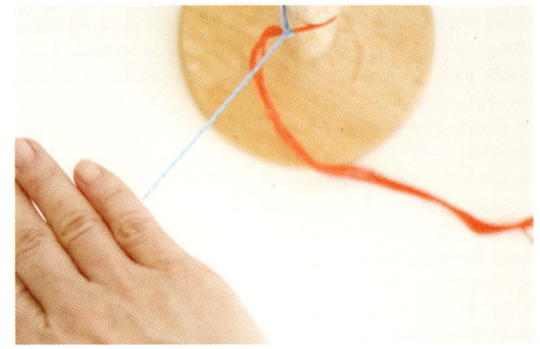

2 파란색 실을 왼쪽으로 꼬아줍니다(아주 충분히 꼬아줍니다). 꼰 실은 매듭지어 둡니다.

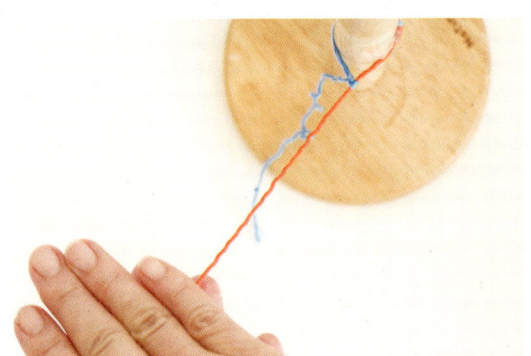

3 주황 실도 왼쪽으로 꼰 후 매듭지어 줍니다.

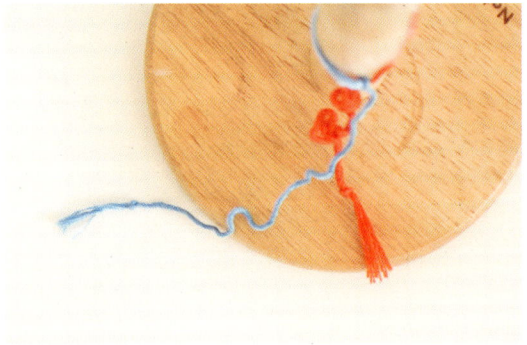

4 각각 꼬아 매듭지은 실은 꼬불꼬불한 상태로 보입니다 (이때 당황하지 않아도 됩니다).

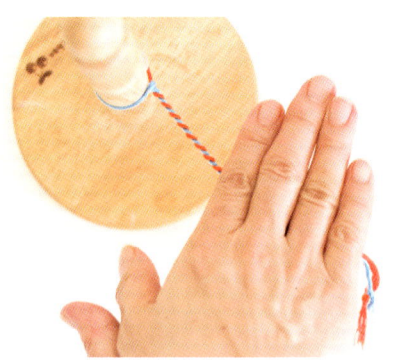

5 꼬인 두 색상의 실을 당겨 함께 오른쪽으로 충분히 꼬아줍니다.

6 처음 실보다 길이가 많이 줄어진 꼬인 실이 완성됩니다.

주의할 점

* 처음 각각 실을 오른쪽으로 꼬면 둘을 합쳐 꼴 때는 왼쪽으로 꼬아줍니다.

* 파우치용 끈은 DMC 25번사 36올을 사용했고, 가방 장식용 끈과 선풍기 장식용 끈은 DMC 25번사 12올을 사용했습니다.

✂ 폼폼이와 태슬 ✂

태슬

1 원하는 사이즈가 나오도록 두꺼운 종이에 실을 감아줍니다.

2 감은 실의 한쪽을 단단히 묶어줍니다.

3 묶은 쪽의 반대쪽을 잘라줍니다.

4 실을 사진 모양으로 고리를 만들고 태슬 머리 부분을 3~4바퀴 감아 줍니다(고리 모양이 흐트러지지 않게 고정시키면서).

5 4번째 과정에서 만든 고리에 감은 실을 넣어줍니다.

6 고리에 넣은 실과 감은 실 위쪽에 조금 나온 실을 동시에 당겨줍니다. 이때 매듭이 3~4바퀴 감은 실 안으로 들어가 보이지 않게 합니다.

7 매듭짓고 남은 실을 잘라 정리합니다.

＊태슬 머리는 일반적인 방법으로 묶어도 무방합니다.

8 바늘 끝으로 태슬 끝을 빗어주면서 정리합니다.

＊호두 핀 쿠션, 캠핑 가랜다
3cm 폭 종이에 DMC 25번사를 약 20번 정도 감아서 사용합니다.

＊위빙 자수로 만드는 미니 가랜다
2cm 폭 종이에 DMC 25번사를 약 7번 정도 감아서 사용합니다.

폼폼이

1 원하는 사이즈대로 실을 감아줍니다.

2 감은 실의 한쪽을 묶어줍니다.

3 다른 한쪽을 가위로 자릅니다.

4 가위로 자른 후 풍성하지 않으면 같은 사이즈로 추가로 만들어 2개를 합하면 더 풍성한 폼폼이가 됩니다.

5 가위로 길이를 정리하고 바늘로 실을 살짝 빗어 풍성하게 만듭니다.

＊위빙 자수로 만드는 미니 가랜다
1cm 폭 종이에 DMC 25번사를 약 18번 정도 감아서 만든 폼폼이 2개를 합해서 사용합니다.

＊입체 모빌
2cm 폭 종이에 DMC 울사는 약 50번 감아 만든 폼폼이 2개를 합해서 만들고 애플톤 울사는 약 70번 감아 만든 2개의 폼폼이를 합해서 사용합니다.

| Basic05 | 도안 보는 법 |

1. s는 '스티치'의 약자입니다.

2. 스티치 → 실 번호 → 실 가닥 수 순서로 표기하였습니다.
   예시) 아웃라인s 310(2) : 310번실 2가닥으로 아웃라인 스티치를 합니다.

3. 한 가지 색상을 사용한 자수 작품의 경우는 스티치와 가닥수만 기재하였습니다.

4. 도안은 실물 크기입니다.

Pingo
Embroidery

WORK
_____

소품 만들기

Pingo Embroidery
01

간단 스티치로 만드는 티 코스터

정말 간단한 스티치와 한 가지 색상의 실로
티 코스터를 만들어봅니다.

준비하기

완성품 사이즈 10×10cm
사용한 재료 12×12cm(사방으로 시접 1cm 포함)의 원단 6장

주황색 티매트

사용한 원단 두꺼운 마
사용한 실 DMC 25번사 311(5)
사용한 스티치 블리온 스티치

연회색 티매트

사용한 원단 린넨(내추럴)
사용한 실 DMC 25번사 311(3)
사용한 스티치 러닝 스티치

하늘색 티매트

사용한 원단 옥스퍼드
사용한 실 DMC 25번사 BLANC(2)
사용한 스티치 번들 스티치

티 코스터 만드는 법

1 간단한 스티치를 수놓습니다.

2 겉과 겉을 맞대고 창구멍을 남기고 박음질합니다.

3 뒤집기 전에 모서리 양끝을 잘라줍니다.

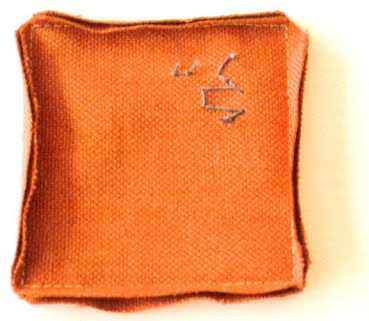

4 뒤집기 전 시접을 접어주면 뒤집었을 때 모양이 잘 잡힙니다.

5 창구멍으로 뒤집어 공그르기로 창구멍을 막아줍니다.

6 블리온 스티치로 장식 고리를 만들어줍니다(고리는 수놓은 색상과 동일한 색상으로 DMC 25번사 5올 또는 6올을 사용합니다).

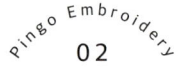

댄스 댄스 가방 장식

마음은 아이돌인데 몸이 전혀 따라가지 못하는 경우엔 이렇게라도 흥을 내봅니다.
나만의 아무 동작이 율동이 될 수도 있습니다.
신나는 댄스 동작 중 마음에 드는 동작으로 가방 등에 부착할 수 있는 장식물을 만들어봅니다.

준비하기

댄스 댄스 1

한 가지 색상의 실로 수를 놓아 만드는 가방 장식

사용한 원단 린넨(백아이보리)
사용한 실 DMC 25번사 310
사용한 스티치 백 스티치, 블리온 스티치, 스트레이트 스티치, 아웃라인 스티치, 아웃라인 필링 스티치, 플라이 스티치

〈가방 장식 마무리〉
사용한 실 DMC 25번사 BLANC
사용한 스티치 코럴 스티치, 사뜨기

스티치

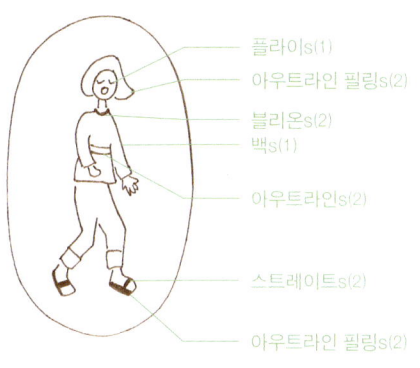

*짧은 선(손가락이나 눈썹 등)은 스트레이트 스티치를 이용해 표현합니다.

도안

준비하기

댄스 댄스 2

한 가지 색상의 실로 수를 놓은 작품에 포인트 색상으로 생동감 있는 가방 장식을 만들어보아요.

사용한 원단	린넨(백아이보리)
사용한 실	DMC 25번사 208, 602, 700, 727, 741, 939, 3846
사용한 스티치	백 스티치, 새틴 스티치, 스트레이트 스티치, 아우트라인 스티치, 아우트라인 필링 스티치

스티치

Dance   Dance

아우트라인s 939(2)

*눈, 코, 입은 DMC 25번사 939 색상의 실 1가닥으로 짧은 스트레이트 스티치 또는 백 스티치 합니다.
*목둘레, 상의 줄무늬, 바짓단은 동일 색상의 실로 새틴 스티치를 합니다.

새틴s 700(2)
새틴s 208(2)
백s 939(1)
새틴s 727(2)
아우트라인 필링s 939(2)
아우트라인 필링s 939(2)
새틴s 741(2)
새틴s 602(2)
새틴s 3846(2)

도안

Dance   Dance

댄스 댄스 가방 장식 만드는 법

1 겉과 겉을 맞대고 창구멍을 남기고 박음질합니다(백 스티치).

2 시접 0.5cm 두고 자릅니다.

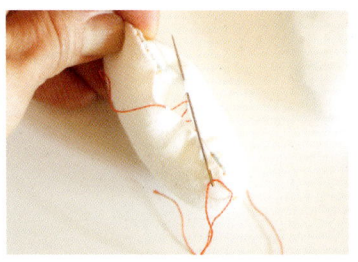

3 뒤집어 솜을 넣고 창구멍을 공그르기로 막아줍니다.

4 DMC 25번사 BLANC 색상의 실로 가장자리를 코럴 스티치 또는 사뜨기로 장식한 후 블리온 스티치로 고리를 만듭니다(고리는 DMC 25번사 310(6)).

5 블리온 스티치로 만든 고리에 끈실로 만든 끈을 달아줍니다(실꼬기는 44쪽 참고).

코럴 스티치로 마무리하는 법

1 스티치 진행 방향과 수직으로 작게 한 땀을 뜨고 실을 바늘 위에서 아래로 감아줍니다.

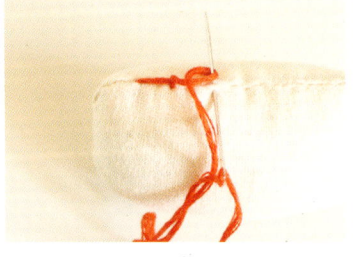

2 실이 느슨하지 않게 당기고 반복합니다.

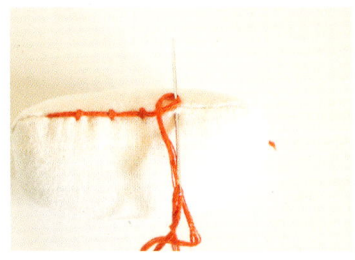

3 스티치 간격을 일정하게 유지합니다.

사뜨기로 마무리하는 법

사뜨기 순서 그림을 참고해서 마무리합니다.

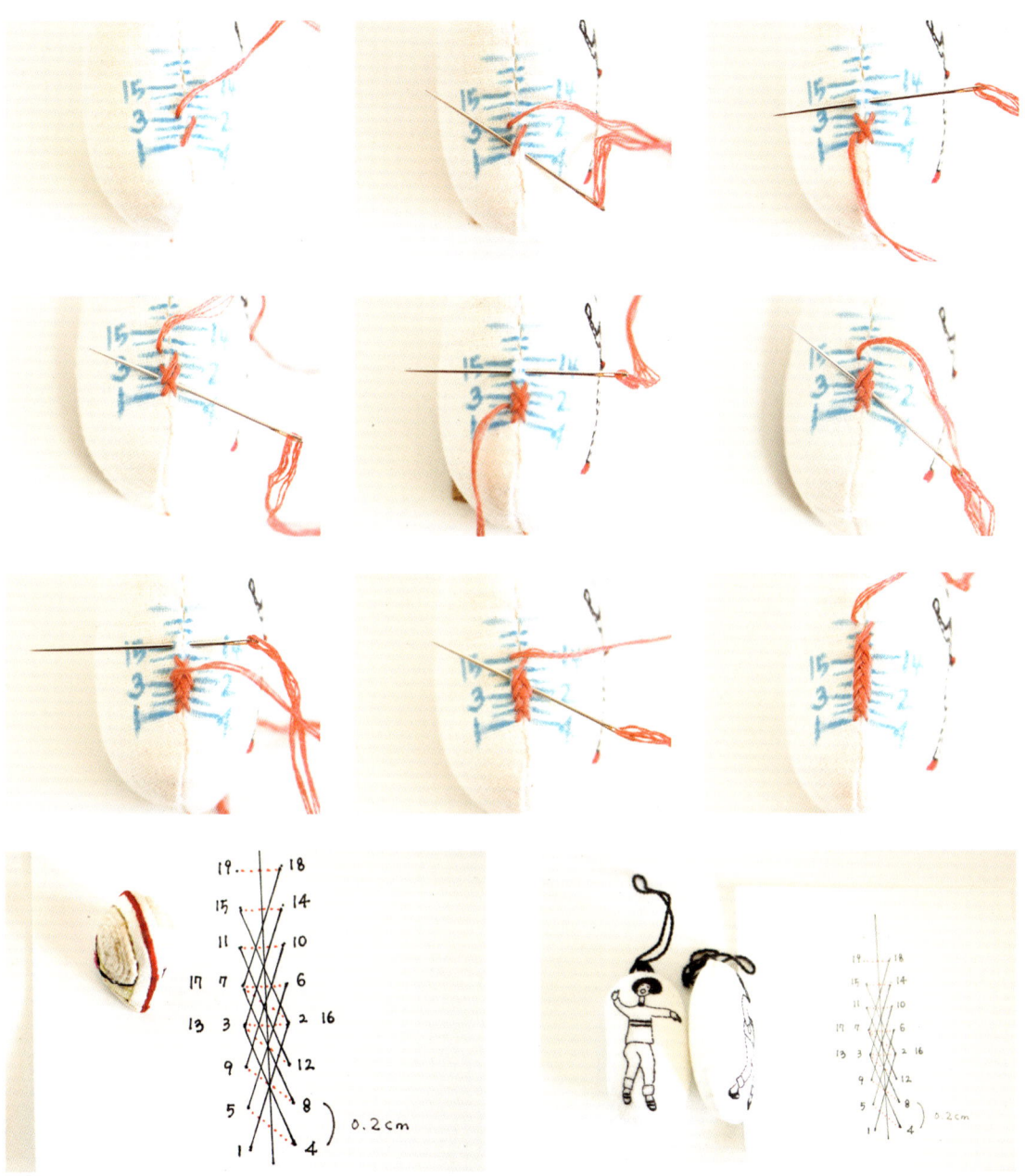

선풍기로는 부족해

한 가지 색상의 실을 사용해 심플한
벽걸이 장식을 만들 수 있어요.
앞에서 만든 가방 장식 만드는 법으로 입체적인 장식품으로
만들어볼 수도 있어요.

준비하기

선풍기 장식(가랜다)

※세로 55cm, 가로 21cm의 원단을 반으로 접어 한쪽에 수를 놓고 접은 상태로 봉을 끼우고 위쪽 양끝만 바느질로 고정시킨 후 끈을 매어 사용합니다. 올이 자연스럽게 풀리도록 했습니다.

사용한 원단 한복 원단 본견 폭 55cm를 그대로 사용
선풍기 날개는 한복 안감용 노방에 스프레이 풀로 빳빳하게 한 후 사용
사용한 실 DMC 25번사 311
사용한 스티치 백 스티치, 새틴 스티치, 스트레이트 스티치, 아웃라인 스티치, 아웃라인 필링 스티치

스티치

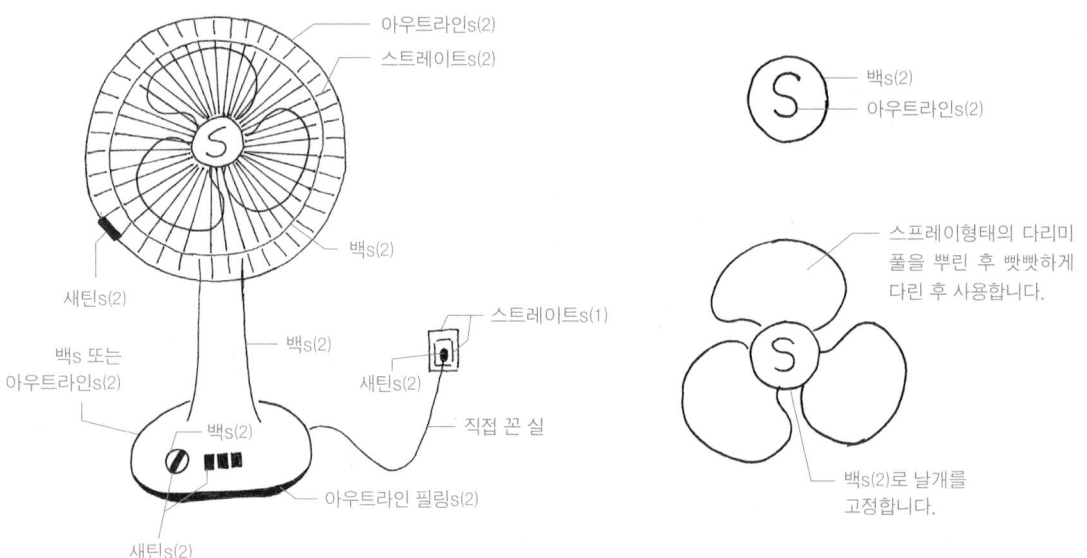

＊수놓을 원단에 선풍기 날개를 고정시킨 후 중심 원을 먼저 수놓고 S자를 수놓아줍니다. 이후에 안전망을 수놓아야 합니다.

도안

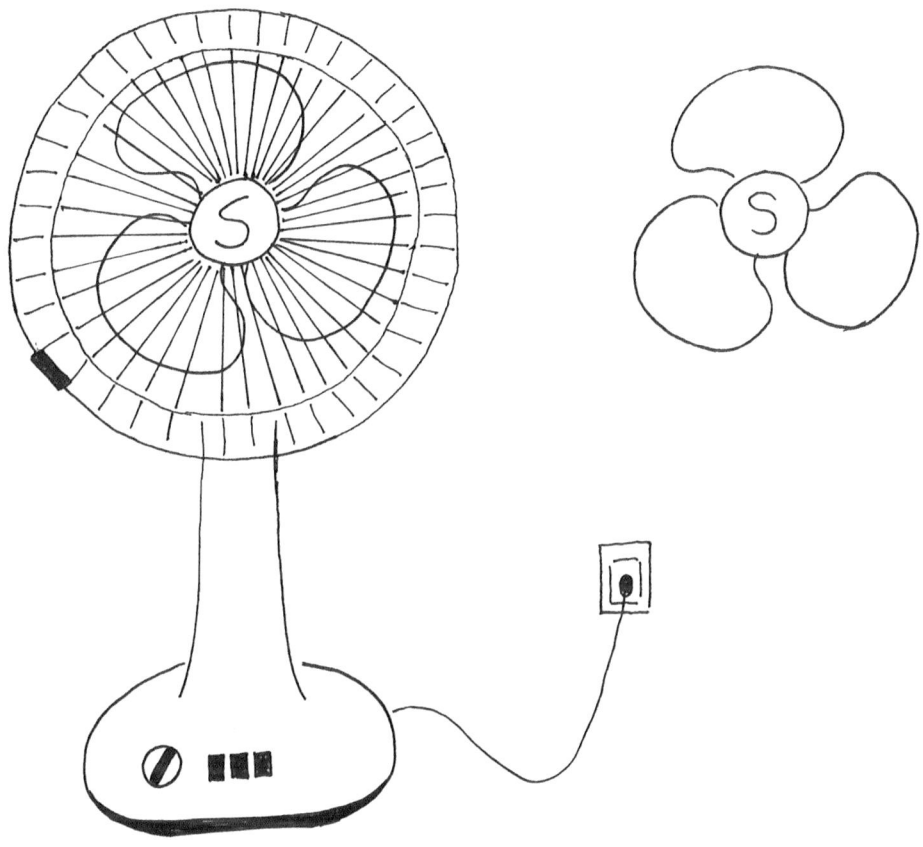

준비하기

선풍기 도안 응용(가방 장식)

사용한 원단 백아이보리 린넨 또는 면
사용한 실 DMC 25번사 311
사용한 스티치 백 스티치, 블리온 스티치, 새틴 스티치, 스트레이트 스티치, 아우트라인 스티치, 아우트라인 필링 스티치, 프렌치 노트 스티치

스티치

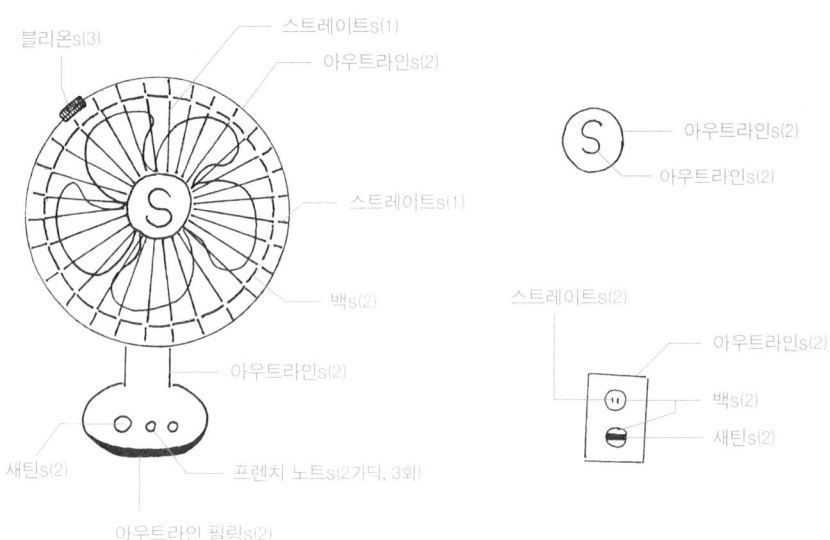

- 블리온s(3)
- 스트레이트s(1)
- 아우트라인s(2)
- 스트레이트s(1)
- 백s(2)
- 아우트라인s(2)
- 새틴s(2)
- 프렌치 노트s(2가닥, 3회)
- 아우트라인 필링s(2)
- 아우트라인s(2)
- 아우트라인s(2)
- 스트레이트s(2)
- 아우트라인s(2)
- 백s(2)
- 새틴s(2)

도안

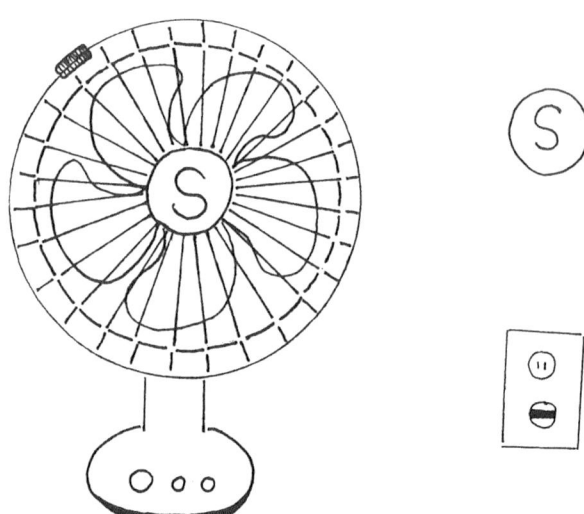

선풍기 장식 만드는 법

1 선풍기 날개 만들기 : 원단에 스프레이형 다림풀을 뿌려 원단을 빳빳한 상태로 만든 후 날개를 잘라줍니다.
수놓기 : 선풍기 날개를 먼저 고정시키기 위해 선풍기 중심원을 아우트라인 스티치나 백 스티치로 고정합니다.

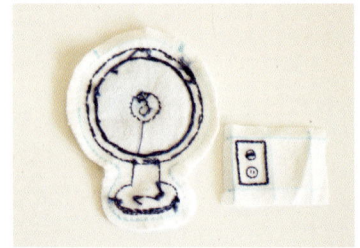

2 수놓은 원단 겉과 뒷면용 원단 겉을 맞대고 수놓은 선 밖으로 0.3~0.5cm에서 백 스티치로 바느질합니다. 창구멍은 선풍기 윗부분에 약 4cm 남긴다. 콘센트는 수놓은 선 밖 0.2cm에서 시접 0.5cm를 접어줍니다.

3 선풍기는 뒤집어 솜을 넣고 창구멍은 공그르기나 감침질로 마무리합니다.

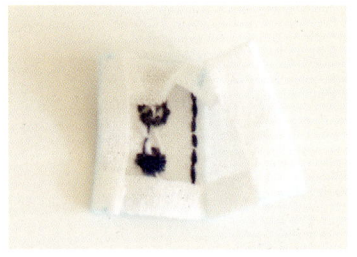

4 시접이 접힌 콘센트 원단은 반으로 접어 직사각형 모양으로 만듭니다.

5 콘센트 테두리는 감침질로 바느질합니다.

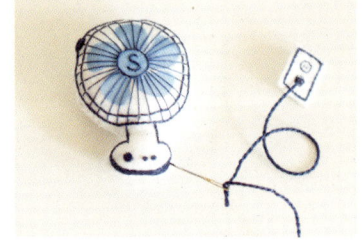

6 끈 실을 선풍기와 콘센트에 연결합니다(실꼬기는 44쪽 참고).

호두 핀 쿠션

한 가지 색상의 실로 수를 놓은 후 반으로 쪼갠 호두에 솜으로 채운 자수원단을 접착제(글루건)로 부착해서 만드는 핀 쿠션입니다. 호두 핀 쿠션은 바늘 보관용만 아니라 고리, 태슬을 달아 가방 장식용이나 크리스마스 오너먼트로 만들 수도 있습니다.

준비하기

새

사용한 원단	광목(백아이보리) 14×14cm
사용한 실	DMC 25번사 839, 3828
	호두 핀 쿠션 만드는 법에 사용한 실은 DMC 25번사 839
사용한 스티치	레이지드 리프 스티치, 블리온 스티치, 스트레이트 스티치,
	아웃트라인 스티치, 프렌치 노트 스티치

스티치 / 도안

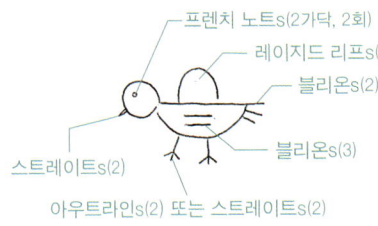

프렌치 노트s(2가닥, 2회)
레이지드 리프s(2)
블리온s(2)
블리온s(3)
스트레이트s(2)
아웃트라인s(2) 또는 스트레이트s(2)

호두 핀 쿠션 만드는 법

호두 준비 호두의 홈 부분을 일자드라이버로 약간 비틀면 쪼개지는데 2개가 예쁘게 분리되진 않으니 인내심을 가지고 조심스럽게 분리합니다(손 조심!). 호두의 뾰족한 부분은 사포를 이용해 부드럽게 해요.

1 지름 9cm의 원 안에 수놓기

2 완성선을 따라 러닝 스티치를 합니다. 시작매듭을 단단히 하고 스티치가 끝나면 매듭짓지 않고 길게 남겨둡니다.

3 완성선 밖 0.5cm에서 잘라줍니다.

4 길게 남긴 실을 당겨 오므립니다.

5 솜을 넣어줍니다.

6 실을 몇 번 왔다 갔다 하면서 모양을 잡아줍니다.

7 단단히 고정한 후 매듭지어 줍니다.

8 고리용 끈과 태슬을 호두껍질에 글루건으로 고정합니다.

9 미리 만들어둔 솜을 넣은 쿠션을 글루건으로 고정합니다.

준비하기

물고기

간단한 스티치로 물고기를 수놓아 호두 핀 쿠션도 만들고, 소품도 만들어봅니다. 다양한 색상의 물고기에 도전해볼 수 있어요.

사용한 원단 린넨 또는 면

사용한 실 DMC 25번사 311, 434, 995 / 이미지 속 핑크 물고기(DMC 25번사 601), 갈색 물고기(DMC 25번사 433)

사용한 스티치 블리온 스티치, 새틴 스티치, 스트레이트 스티치, 아우트라인 스티치, 프렌치 노트 스티치, 플랫 스티치

물고기 소품 만드는 법

1 수놓기

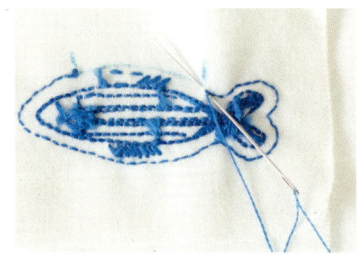

2 수놓은 원단의 겉과 뒷면 원단의 겉을 맞대고 수놓은 선 밖 0.5cm에 백 스티치를 합니다. 창구멍은 물고기 등 쪽에 약 2cm로 남깁니다.

3 창구멍으로 뒤집은 후 솜을 넣어줍니다.

4 창구멍은 감침질이나 공그르기로 막아줍니다.

5 완성

스티치

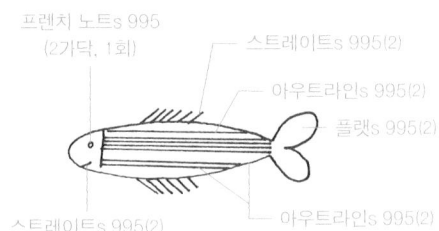

도안

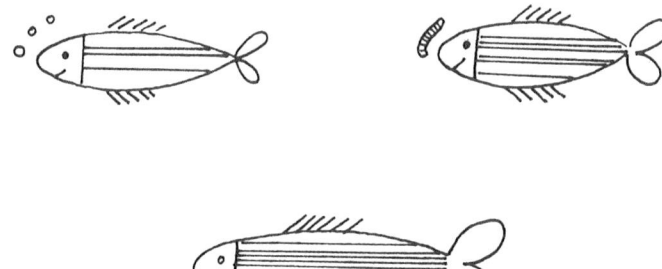

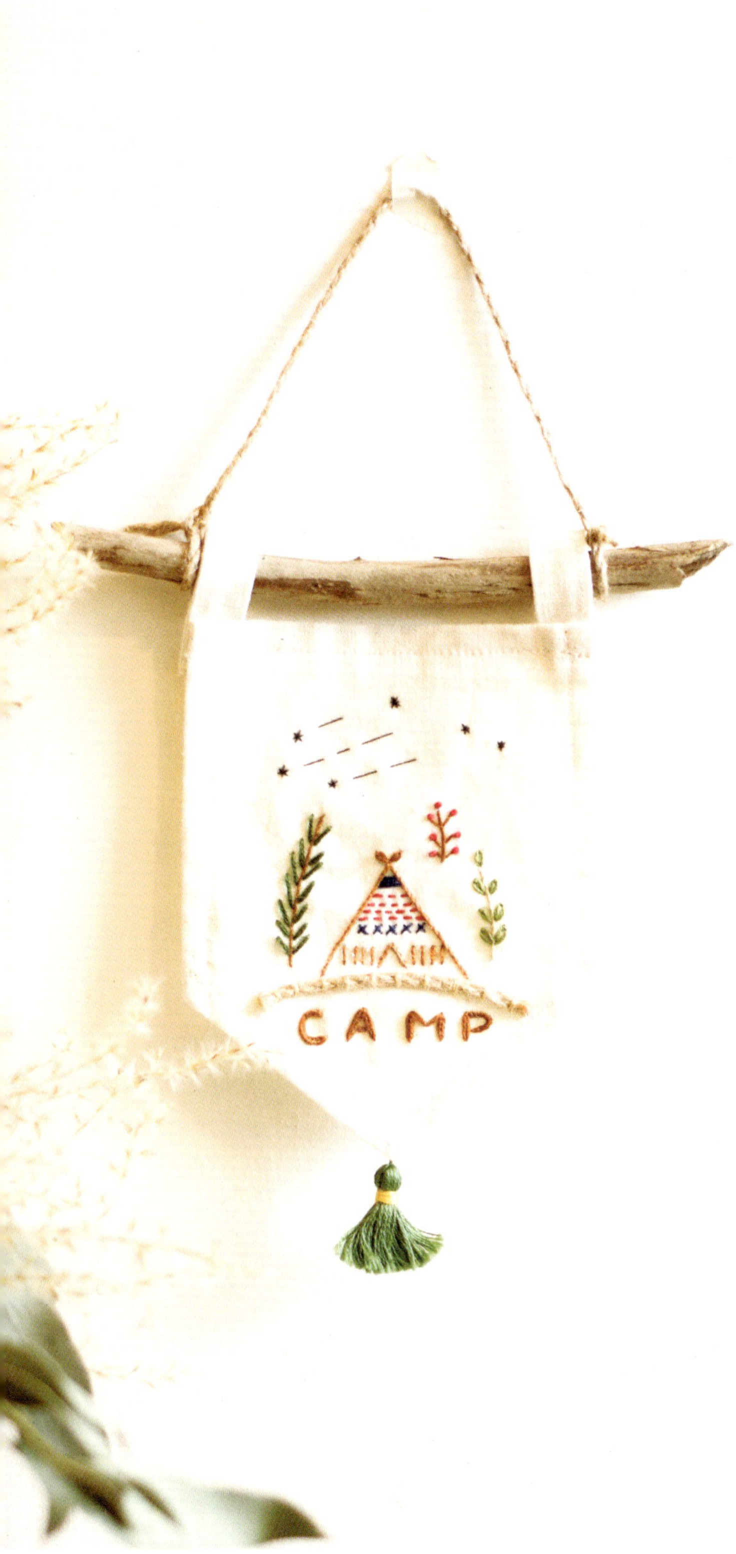

Pingo Embroidery

05

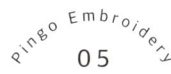

가랜다

다양한 가랜다로 나만의 감성을
표현해봅니다.

준비하기

미니 선인장 가랜다

완성품 사이즈 2.5×3cm(스미르나 스티치로 만든 술과 뒤로 접히는 1.5cm 제외)
사용한 원단 10수 무명(백아이보리) 또는 캔버스 원단
사용한 실 DMC 25번사 ECRU, 433, 505, 987
사용한 스티치 러닝 스티치, 블리온 스티치, 스미르나 스티치, 아웃라인 스티치

스티치 / 도안

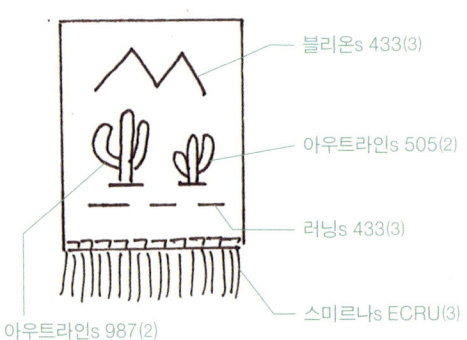
- 블리온s 433(3)
- 아웃라인s 505(2)
- 러닝s 433(3)
- 스미르나s ECRU(3)
- 아웃라인s 987(2)

미니 가랜다 만드는 법

1 완성보다 넉넉한 원단에 수놓습니다.

2 옆은 시접 없이 잘라 자연스럽게 올을 풀어줍니다. 위쪽은 도안선 위로 1.5cm 시접을 두고 자릅니다.

3 위에 나무막대를 끼울 수 있도록 1.5cm 뒤로 접어서 양쪽을 고정합니다.

4 막대와 실고리를 해줍니다.

준비하기

위빙 자수로 만드는 미니 가랜다

사용한 원단	린넨 또는 면
사용한 실	DMC 25번사 311, 552, 738, 996, 3766, 3836, 3865, 3866
사용한 스티치	백 스티치, 새틴 스티치, 스미르나 스티치, 스트레이트 스티치, 위빙 스티치, 체인 스티치
기타 장식	태슬, 폼폼이

스티치 / 도안

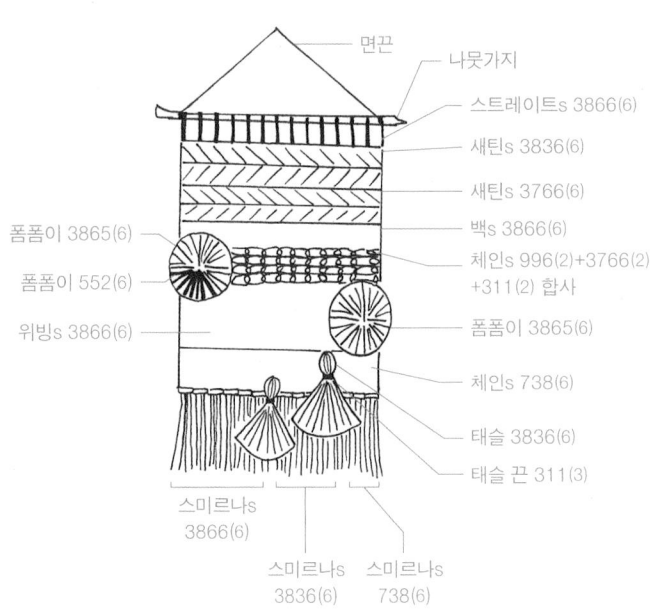
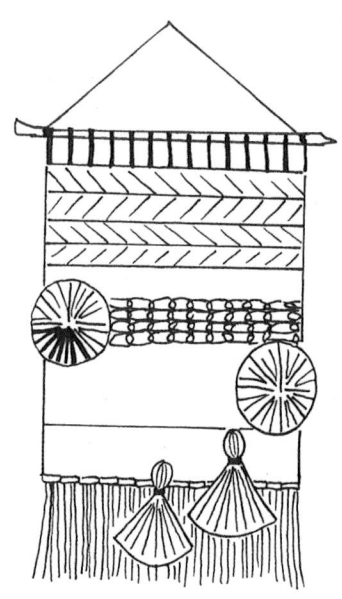

면끈
나뭇가지
스트레이트s 3866(6)
새틴s 3836(6)
새틴s 3766(6)
백s 3866(6)
체인 996(2)+3766(2)+311(2) 합사
폼폼이 3865(6)
체인s 738(6)
태슬 3836(6)
태슬 끈 311(3)
폼폼이 3865(6)
폼폼이 552(6)
위빙s 3866(6)
스미르나s 3866(6)
스미르나s 3836(6)
스미르나s 738(6)

위빙 자수로 만드는 미니 가랜다 만드는 법

1 수놓은 후 사방 2.5cm의 시접을 둡니다.

2 뒷면 쪽으로 시접을 접어둡니다.

3 스미르나 스티치로 만든 술은 보이도록 하고 뒷면시접을 깔끔하게 접어둡니다.

4 뒷면은 감침질로 연결해서 정리합니다.

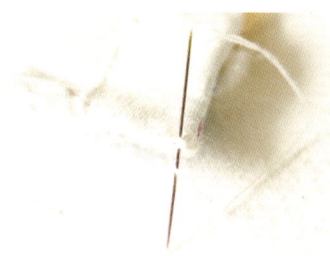
5 윗부분도 감침질로 마무리합니다.

6 나뭇가지를 스트레이트 스티치 한 곳으로 통과시킵니다. 나뭇가지에 면끈을 연결해줍니다.

준비하기

캠핑 가랜다

사용한 원단 린넨
자수용 14.5×17.5cm 1장(시접 포함)
끈용 4×6cm 2장(시접 포함)

사용한 실 DMC 25번사 309. 310, 311, 422, 434, 435, 3345, 3347
카우칭 스티치에 사용할 마 끈

사용한 스티치 러닝 스티치, 레이지 데이지 스티치, 리버스 체인 스티치, 새틴 스티치, 스트레이트 스티치, 아웃라인 스티치, 카우칭 스티치, 크로스 스티치, 프렌치 노트 스티치

스티치

도안

캠핑 가랜다 만드는 법

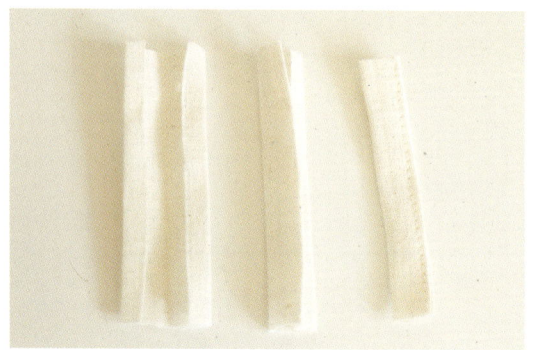

1 양쪽 시접 0.5cm 접고 다시 반으로 접어 맞댄 후 백 스티치로 끈 2개를 만듭니다.

2 수놓은 원단을 시접 1cm로 두 번 접어줍니다.

3 시접을 단단히 접어 고정시킵니다.

4 완성선에서 안쪽으로 0.7cm 들어와 백 스티치를 해줍니다.

5 끈을 2cm 정도 보이도록 백 스티치로 고정시킵니다.

6 태슬을 달아 마무리합니다(태슬 만들기는 46쪽 참고).

추운 겨울 코트 안엔 따뜻한 스웨터가 필수 아닐까요?
직접 뜨개질을 하는 것은 아니지만
올사로 스웨터를 수놓아 브로치를 만들어봅니다.

Pingo Embroidery
06
따뜻한 스웨터 브로치

준비하기

사용한 원단 린넨(각 니트와 비슷한 색상)
사용한 실 DMC 25번사 04, 310, 311, 321, 758, 910, 986, 3865
애플톤 울사 141, 143, 324, 345, 696, 864, 871

사용한 스티치 레이지 데이지 스티치, 롱 앤드 쇼트 스티치, 블랭킷 스티치, 블리온 스티치, 새틴 스티치, 스트레이트 스티치, 체인 스티치, 프렌치 노트 스티치, 플랫 스티치, 휠 스티치

기타 재료 접착용 펠트지, 자수용 부직포, 패브릭용 본드 또는 딱풀, 브로치용 일자핀 소형, 비즈

스티치 / 도안

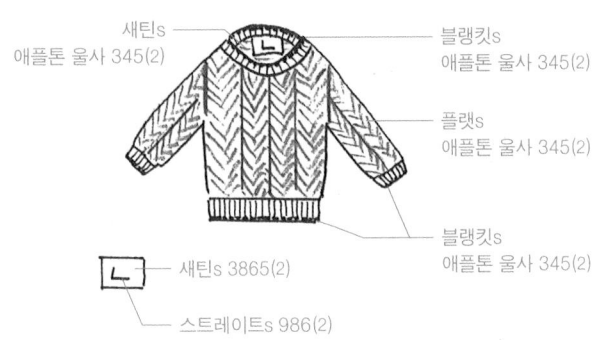
새틴s 애플톤 울사 345(2)
블랭킷s 애플톤 울사 345(2)
플랫s 애플톤 울사 345(2)
블랭킷s 애플톤 울사 345(2)
새틴s 3865(2)
스트레이트s 986(2)

블랭킷s 311(2)
플랫s 애플톤 울사 143(2)
블리온s 311(3)
블랭킷s 311(2)
프렌치 노트s 311(2가닥, 2회)

스티치 / 도안

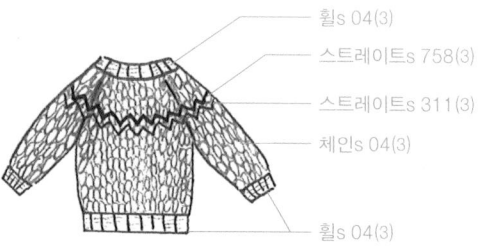
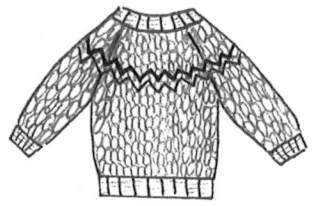

- 휠s 04(3)
- 스트레이트s 758(3)
- 스트레이트s 311(3)
- 체인s 04(3)
- 휠s 04(3)

*04번 색상의 실은 광택을 없애기 위해 연한 사포로 문질러 사용합니다.
보풀이 생기게 해서 매트한 느낌의 니트로 표현합니다.

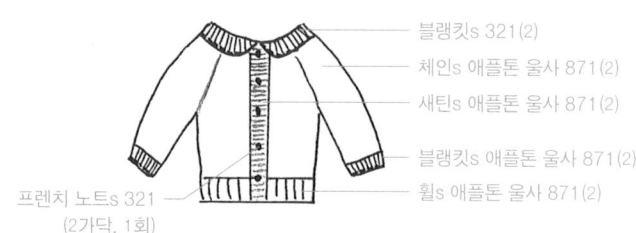
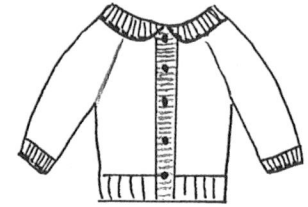

- 블랭킷s 321(2)
- 체인s 애플톤 울사 871(2)
- 새틴s 애플톤 울사 871(2)
- 블랭킷s 애플톤 울사 871(2)
- 휠s 애플톤 울사 871(2)
- 프렌치 노트s 321 (2가닥, 1회)

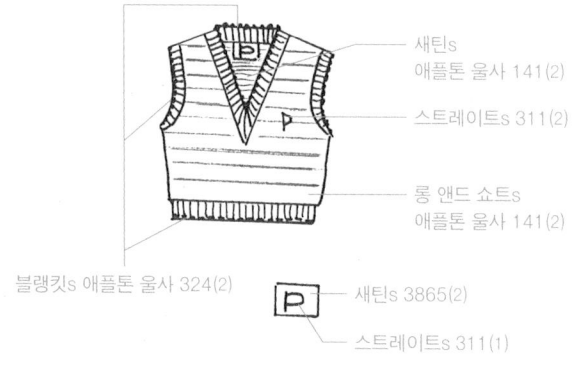

- 새틴s 애플톤 울사 141(2)
- 스트레이트s 311(2)
- 롱 앤드 쇼트s 애플톤 울사 141(2)
- 블랭킷s 애플톤 울사 324(2)
- 새틴s 3865(2)
- 스트레이트s 311(1)

스티치 / 도안

- 블랭킷s 910(3)
- 체인s 애플톤 울사 696(2)
- 휠s 애플톤 울사 696(2)
- 새틴s 애플톤 울사 696(2)
- 프렌치 노트s 910(2가닥, 1회)

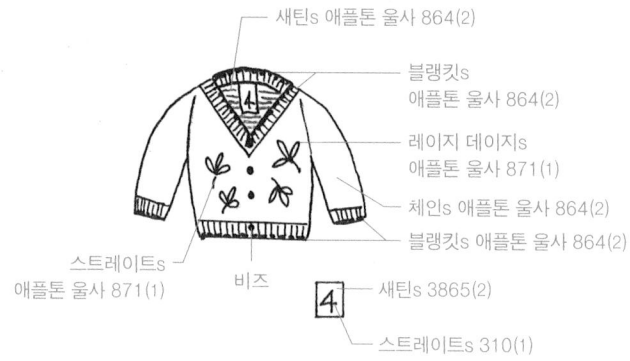

- 새틴s 애플톤 울사 864(2)
- 블랭킷s 애플톤 울사 864(2)
- 레이지 데이지s 애플톤 울사 871(1)
- 체인s 애플톤 울사 864(2)
- 블랭킷s 애플톤 울사 864(2)
- 스트레이트s 애플톤 울사 871(1)
- 비즈
- 4 새틴s 3865(2)
- 스트레이트s 310(1)

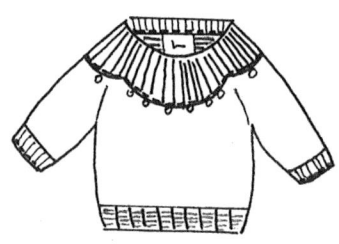

- 새틴s 애플톤 울사 864(2)
- 블랭킷s 애플톤 울사 871(2)
- 프렌치 노트s 애플톤 울사 871(2가닥, 1회)
- 체인s 애플톤 울사 864(2)
- 블랭킷s 애플톤 울사 864(2)
- 휠s 애플톤 울사 864(2)
- ㄴ 새틴s 3865(2)
- 스트레이트s 310(1)

스웨터 브로치 만드는 법

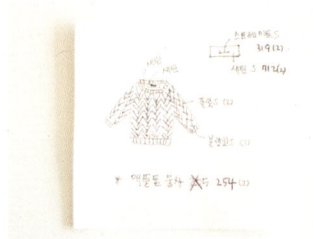

1 도안을 준비합니다.

2 부직포, 초크페이퍼, 도안 순으로 놓고 철필이나 펜으로 부직포에 도안을 옮깁니다.

3 부직포를 원단에 시침질로 고정합니다(원단은 수놓는 실색상과 비슷하게 합니다).

4 부직포 위에 그대로 수를 놓습니다.

5 수를 완성합니다.

6 수놓은 원단을 물에 담그고 부직포가 녹을 때까지 기다립니다(부직포가 덜 녹으면 풀기가 남을 수 있어요).

7 물기가 마른 뒤 시접(시접 분량 0.3~0.5cm)을 남기고 자른 후 시접을 뒤로 접어 형태를 고정시킵니다. 이때 패브릭용 본드나 딱풀을 이용합니다.

8 접착심지 2겹에 수놓은 니트를 접착합니다.

9 가위로 스웨터 모양이 흐트러지지 않도록 조심스럽게 자른 후 뒷면에 핀을 고정합니다(손바느질 또는 글루건 이용).

Pingo Embroidery
07

솔방울 카드지갑

뭔가를 잘 챙기지 못하는 습관으로 지갑이 너무 부담스러워
항상 사용하는 카드만 보관하기 위해 만들어보았습니다.

준비하기

사용한 원단   8수 린넨 12.5×19cm(겉감용, 시접 1cm 포함)
안감용 면 12.5×19cm(안감용, 시접 1cm 포함)
8수 린넨 5×3cm(고리 끈용)

사용한 실   DMC 25번사 898, 3051, 3781
사용한 스티치   새틴 스티치, 스트레이트 스티치, 아우트라인 스티치

* 장식으로 블리온 스티치를 하거나 고리를 만들어서 부착해도 됩니다.

스티치

* 솔방울과 솔방울 가지 색상은 동일합니다.

- 스트레이트s 898(2)
- 새틴s 898(2)
- 새틴s 3781(2)
- 아우트라인s 898(2)
- 새틴s 898(2)
- 스트레이트s 3051(2)
- 아우트라인s 3781(2)
- 새틴s 898(2)

* 솔잎은 모두 스트레이트s 3051(2)

- 스트레이트s 3051(2)
- 아우트라인s 3781(2)
- 아우트라인s 3781(2)
- 스트레이트s 3051(2)
- 새틴s 3781(2)
- 아우트라인s 898(2)
- 아우트라인s 3781(2)

- 새틴s
- 스트레이트s (길이는 불규칙하게)
- 스트레이트s
- 아우트라인s

도안

카드 지갑 만드는 법

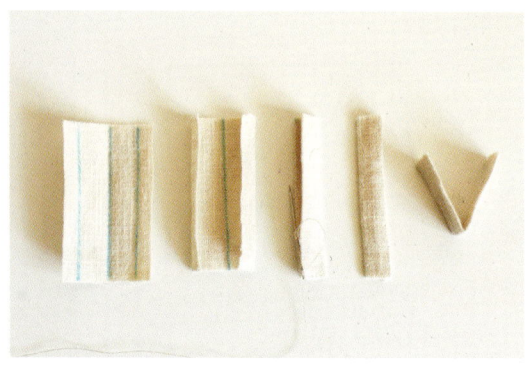

1 시접 0.5cm를 접어서 맞대어 감침질로 끈을 만들어줍니다(끈의 폭은 1cm, 길이는 5cm). 완성된 끈은 반으로 접어둡니다.

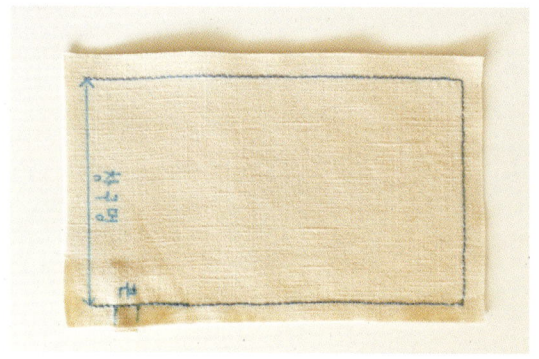

2 수놓은 원단의 겉과 안감의 겉을 맞대고 박음질합니다(이때 창구멍은 남기고 만들어진 끈은 완성 시 1.5cm 나올 수 있도록 미리 위치를 잡아 끼운 상태로 박음질합니다).

3 뒤집기 전 시접을 미리 접어두고 뒤집어줍니다.

4 뒤집은 후 창구멍을 감침질이나 공그르기로 막아줍니다.

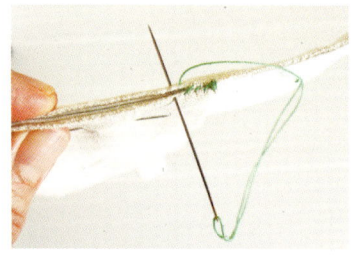

5 카드가 들어가는 부분을 6cm로 접어 옆선을 감침질로 마무리합니다.

6 자석단추를 달아줍니다.

7 완성

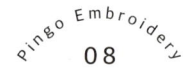

스트라이프에서 헤엄치기
파우치

줄무늬 속에서 수영하는 3명이 왜 힘들어 보일까요?
스트라이프 원단에 패브릭 물감으로 채색한 후 약간의 스티치로 지퍼 파우치를 만듭니다.
패브릭 물감은 보통 미술시간에 하던 대로 하면 되지만 물의 양이 많으면 원단에 번지게 됩니다.
물을 조금만 사용해서 완성선 약간 안쪽으로 채색해서 완성선 밖으로 번지지 않도록 합니다.
패브릭 물감도 살구색을 만들 때는 흰색과 주황을 섞어 색을 만들 수 있습니다.

준비하기

사용한 원단 스트라이프 패턴 옥스퍼드, 안감용 면
사용한 실 DMC 25번사 312, 349, 910
사용한 스티치 레이지 데이지 스티치, 백 스티치, 새틴 스티치, 스트레이트 스티치

스티치 / 도안

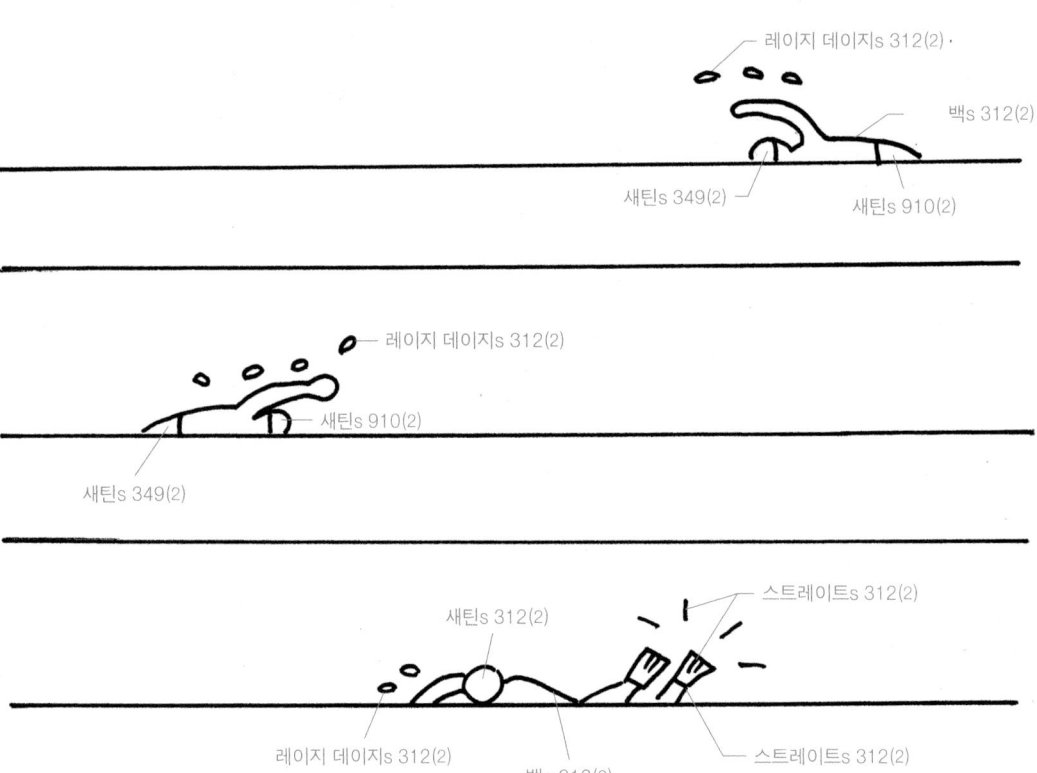

* 몸통은 주황색 물감과 하얀색 물감을 혼합해서 사용
  오리발은 노란색 물감 사용

도안

지퍼 파우치 만드는 법

완성 치수 : 15×13cm
필요한 원단 치수 : 17×15cm 겉감용 2장(겉감은 스트라이프 패턴), 17×15cm 안감용 2장
지퍼 약 17cm

1 색연필로 도안을 그리고 패브릭 물감으로 도안에 칠합니다.

2 물감이 완전히 마른 후 약한 열로 다려줍니다.

3 겉감 2장, 안감 2장, 지퍼 1개를 준비합니다.

4 안감 겉과 지퍼의 안, 지퍼 겉과 겉감 겉이 마주 보게 한 후 시접 0.7cm 지점을 백 스티치로 바느질합니다.

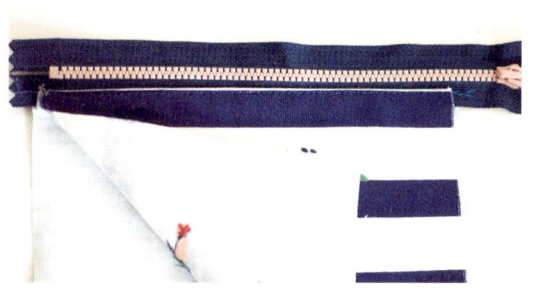

5 겉감 쪽으로 정리한 후 시접 0.2cm 지점을 백 스티치로 바느질합니다(이 과정은 생략 가능).

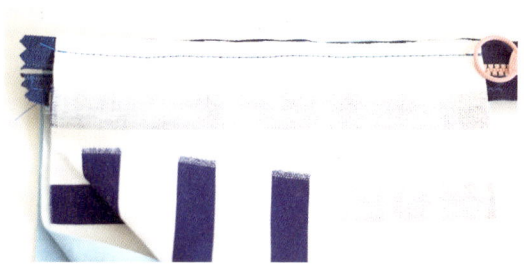

6 반대편도 4와 동일하게 바느질합니다.

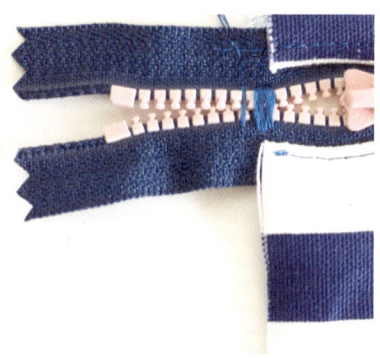

7 지퍼가 풀리지 않게 실로 묶어줍니다.

8 겉감의 겉끼리, 안감의 겉끼리 맞대고 중심을 잘 맞춘 후 안감 쪽에 약 6cm 창구멍을 남기고 백 스티치로 바느질합니다(시접은 모두 1cm).

9 창구멍으로 뒤집은 후 창구멍은 공그르기나 감침질로 마무리합니다.

10 완성

Pingo Embroidery
09

아일릿 워크와
컷 워크를 이용한 소품

아일릿 워크나 컷 워크는
조금은 섬세한 작업이라 많은 시간이나 노력이 필요합니다.
그러나 이 책에서는 조그만 구멍의 아일릿 스티치로 자수에
약간의 멋을 가미하는 정도여서 쉽게 할 수 있습니다.

아일릿 워크 하는 법

DMC 25번사 2가닥을 사용합니다. 수틀을 꼭 사용해주세요.

작은 구멍 아일릿 워크(지름 약 0.5cm정도)

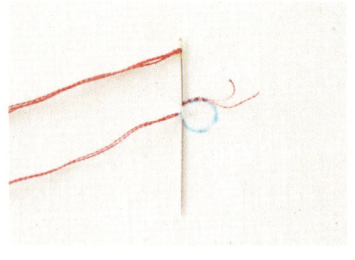 

1 완성선 밖 0.2cm를 백 스티치나 러닝 스티치로 수놓습니다. 이때 매듭은 짓지 않고 실을 조금 남깁니다.

2 송곳으로 구멍을 냅니다.

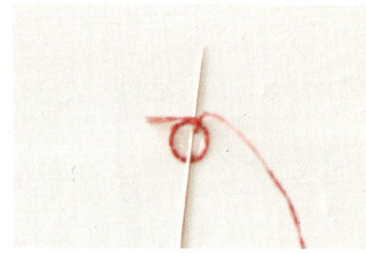  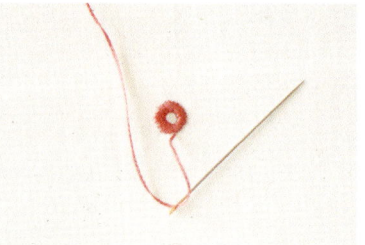

3 구멍에 바늘을 넣어 테두리를 감싸면서 진행합니다(처음에 매듭짓지 않고 남긴 실을 숨깁니다). 테두리가 새틴 스티치로 수놓은 듯 보입니다.

4 구멍을 다 감싼 후 원단 뒤편으로 실을 숨겨 마무리합니다(사진은 뒷모습).

5 완성

큰 구멍 아일릿 워크(지름이 1cm 이상)

 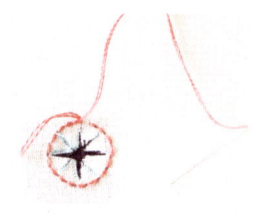 

1 완성선 밖 0.2cm를 백 스티치나 러닝 스티치로 수놓습니다.

2 구멍 안을 약 8등분해서 가위로 잘라줍니다.

3 자른 부분은 원단 뒤로 가도록 접어줍니다(사진은 뒷모습).

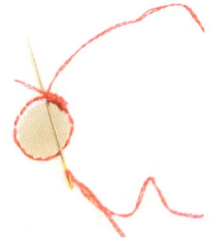 

4 작은 구멍 아일릿처럼 테두리를 감싸줍니다(이때 매듭짓지 않고 남긴 실을 숨깁니다).

5 모두 감싼 후 남은 실을 뒷면으로 숨겨 정리해줍니다(사진은 뒷모습).

컷 워크 하는 법

DMC 25번사 2가닥을 사용합니다. 수틀을 꼭 사용해주세요.

1 완성선과 완성선 안 약 0.5cm에 러닝 스티치나 백 스티치를 합니다. 그 두 선 사이에 러닝 스티치를 합니다(도톰하게 표현하기 위해서입니다).

2 블랭킷 스티치로 테두리를 채웁니다.

3 블랭킷 스티치를 촘촘하고 일정하게 합니다.

4 가위로 블랭킷 스티치한 부분이 풀리지 않게 조심해서 잘라줍니다.

5 완성

준비하기

컷 워크 도일리

사용한 원단 워싱 린넨(올이 너무 잘 풀리는 원단은 적합하지 않습니다.)
사용한 실 DMC 25번사 BLANC, 312, 562, 720
사용한 스티치 스트레이트 스티치, 아우트라인 스티치, 체인 스티치, 패디드 새틴 스티치, 프렌치 노트 스티치, 플랫 스티치, 아일릿 워크, 컷 워크(러닝 스티치, 블랭킷 스티치)

스티치

〈도일리〉

- 컷 워크 312(2)
- 프렌치 노트s 720(2가닥, 2회)
- 스트레이트s 720(2)
- 아일릿 워크 312(2)
- 아일릿 워크 720(2)
- 체인s BLANC(2)
- 아우트라인s 312(2)
- 플랫s 562(2)
- 패디드 새틴s 562(2)
- 패디드 새틴s 720(2)
- 아일릿 워크 BLANC(2)

〈파우치〉

- 레이지 데이지s 720(3)
- 체인s 336(3)
- 체인s 3851(3)
- 아일릿 워크 BLANC(2)
- 레이지 데이지s 3851(3)
- 아일릿 워크 BLANC(2)
- 스트레이트s 336(3)
- 패디드 새틴s 720(2)
- 패디드 새틴s 3851(2)
- 체인s 3851(3)
- 아우트라인s 3851(3)
- 체인s BLANC(3)
- 블랭킷s 336(3)
- 체인s 336(3)
- 아일릿 워크 BLANC(2)
- 프렌치 노트s BLANC(2가닥, 3회)
- 체인s 720(2)
- 스트레이트s BLANC(2)
- 블랭킷s 720(2)

도안

준비하기

아일릿 워크 파우치

사용한 원단   워싱 린넨
사용한 실   DMC 25번사 BLANC, 336, 720, 3851
사용한 스티치   레이지 데이지 스티치, 블랭킷 스티치, 스트레이트 스티치, 아우트라인 스티치, 체인 스티치, 패디드 새틴 스티치, 프렌치 노트 스티치, 아일릿 워크

아일릿 워크 파우치 만드는 법

완성 치수 : 16×21cm
필요 원단 치수 : 가로 18×44cm(시접 포함) / 겉감 1장, 안감 1장

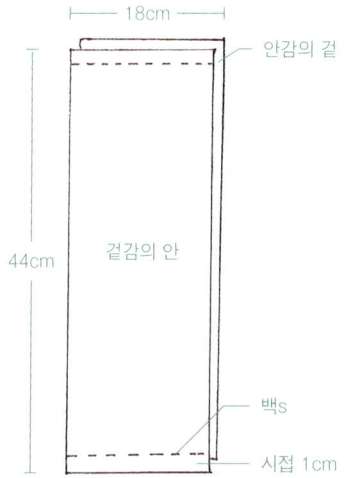

1 겉감의 겉과 안감의 겉을 마주 보게 한 후 시접 1cm를 남기고 위, 아래를 백 스티치로 바느질합니다.

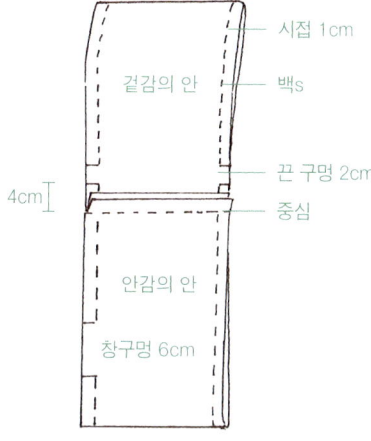

2 겉감의 겉끼리 안감의 겉끼리 마주보게 겹친 후 중심을 맞춥니다. 안감은 창구멍 약 6cm 남기고 백 스티치로 바느질합니다. 겉감은 중심에서 겉감 쪽으로 4cm 떨어진 곳에 끈 구멍 2cm 남기고 백 스티치로 바느질합니다.

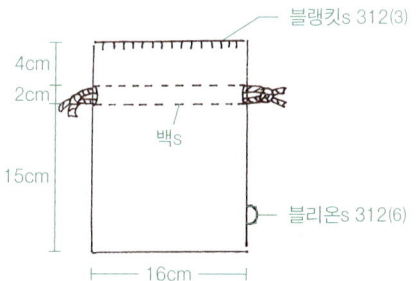

3 창구멍으로 뒤집은 후 안감을 겉감 쪽으로 넣어 정리합니다. 끈 구멍자리는 겉감과 안감을 함께 한 바퀴 돌려 백 스티치를 합니다. 창구멍은 공그르기나 감침질로 마무리합니다.
장식으로 파우치 입구는 블랭킷 스티치를 하고 파우치 아래쪽은 블리온 스티치로 고리를 만들어줍니다.

준비하기

아일릿 워크 티매트 1

사용한 원단 워싱 린넨
사용한 실 DMC 25번사 BLANC, 312, 562, 720
사용한 스티치 스트레이트 스티치, 체인 스티치, 패디드 새틴 스티치, 프렌치 노트 스티치, 아일릿 워크
가장자리 장식은 쉐브론 블랭킷 스티치

스티치 / 도안

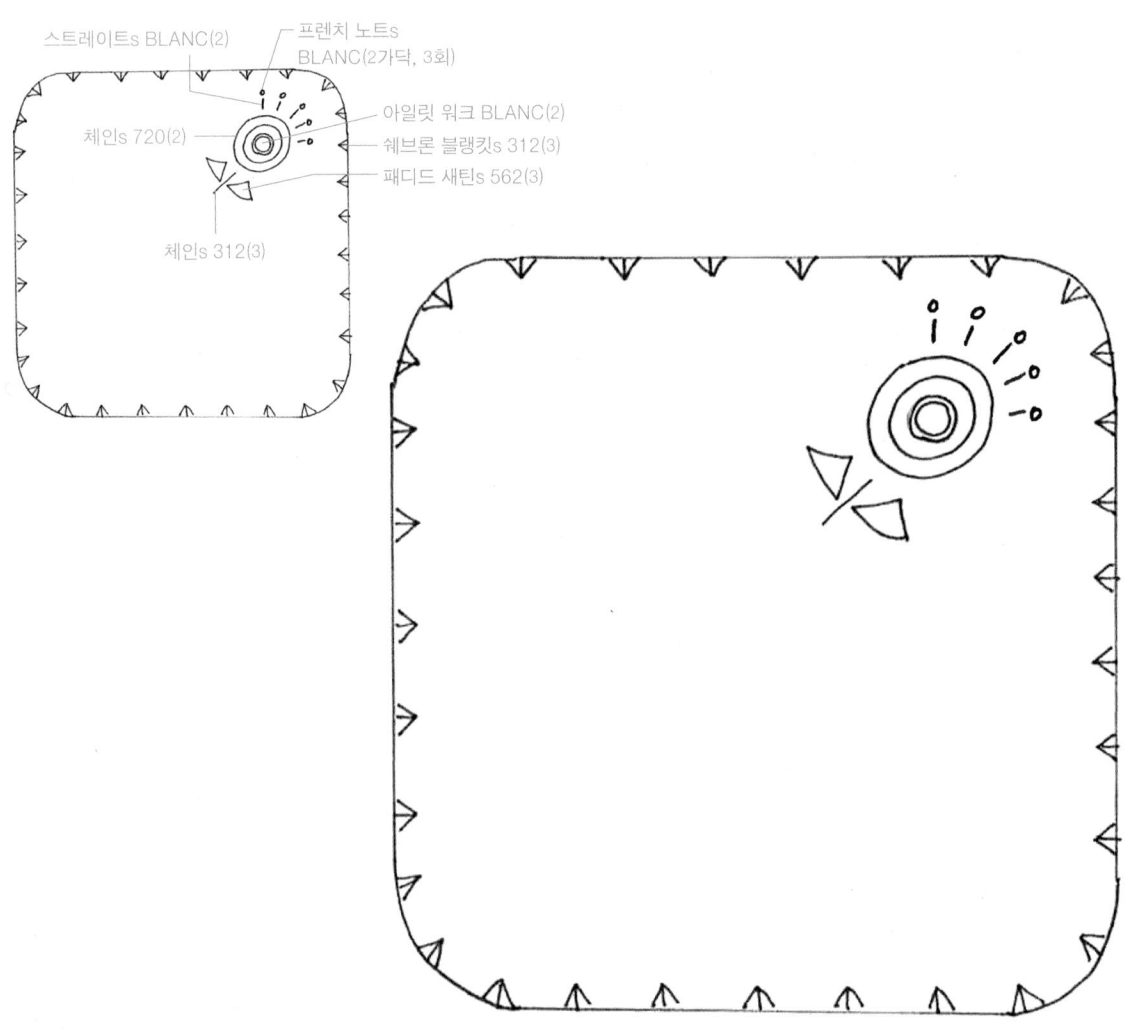

쉐브론 블랭킷 스티치로 가장자리 마무리하는 법

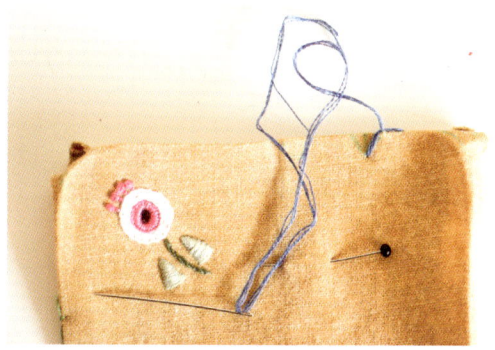

1 수놓은 원단과 뒷면용 원단을 안끼리 맞대고 쉐브론 블랭킷 스티치로 두 원단을 고정합니다(시접 1cm를 미리 접어 둡니다).

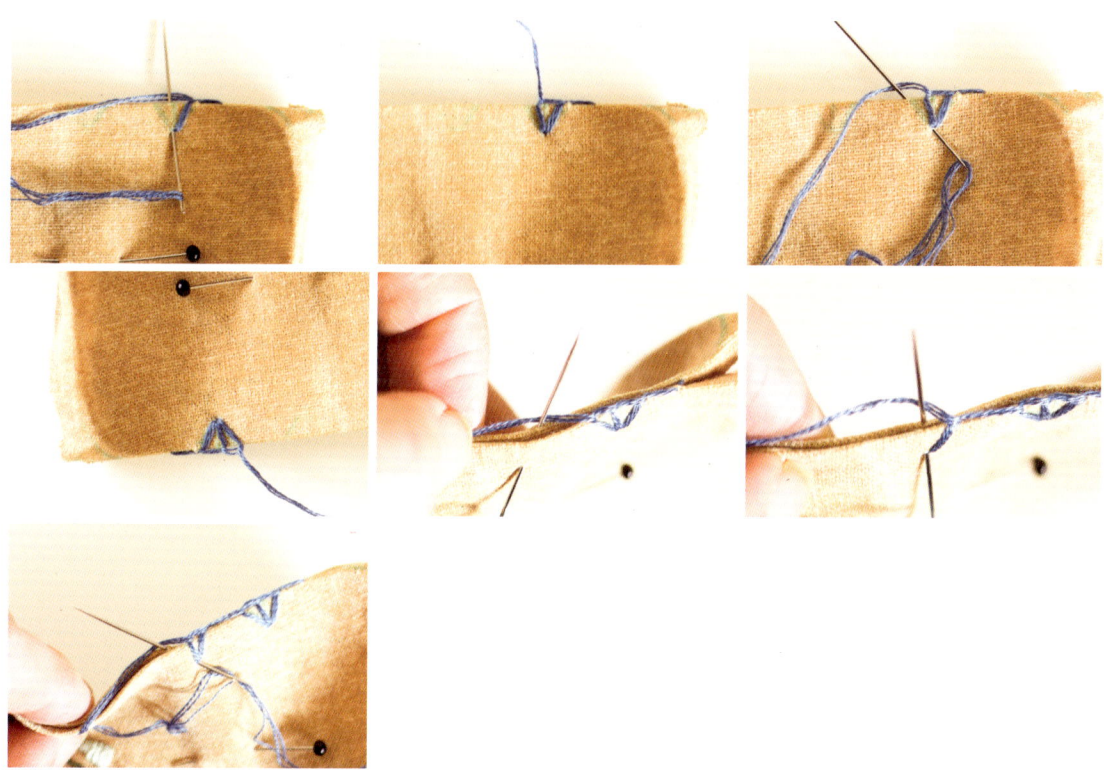

2 일정한 간격을 유지하면서 수놓습니다.

준비하기

아일릿 워크 티매트 2

사용한 원단 워싱 린넨
사용한 실 DMC 25번사 BLANC, 336, 562, 720, 3851
사용한 스티치 스트레이트 스티치, 체인 스티치, 패디드 새틴 스티치, 플랫 스티치, 아일릿 워크
가장자리 장식은 코럴 스티치

스티치 / 도안

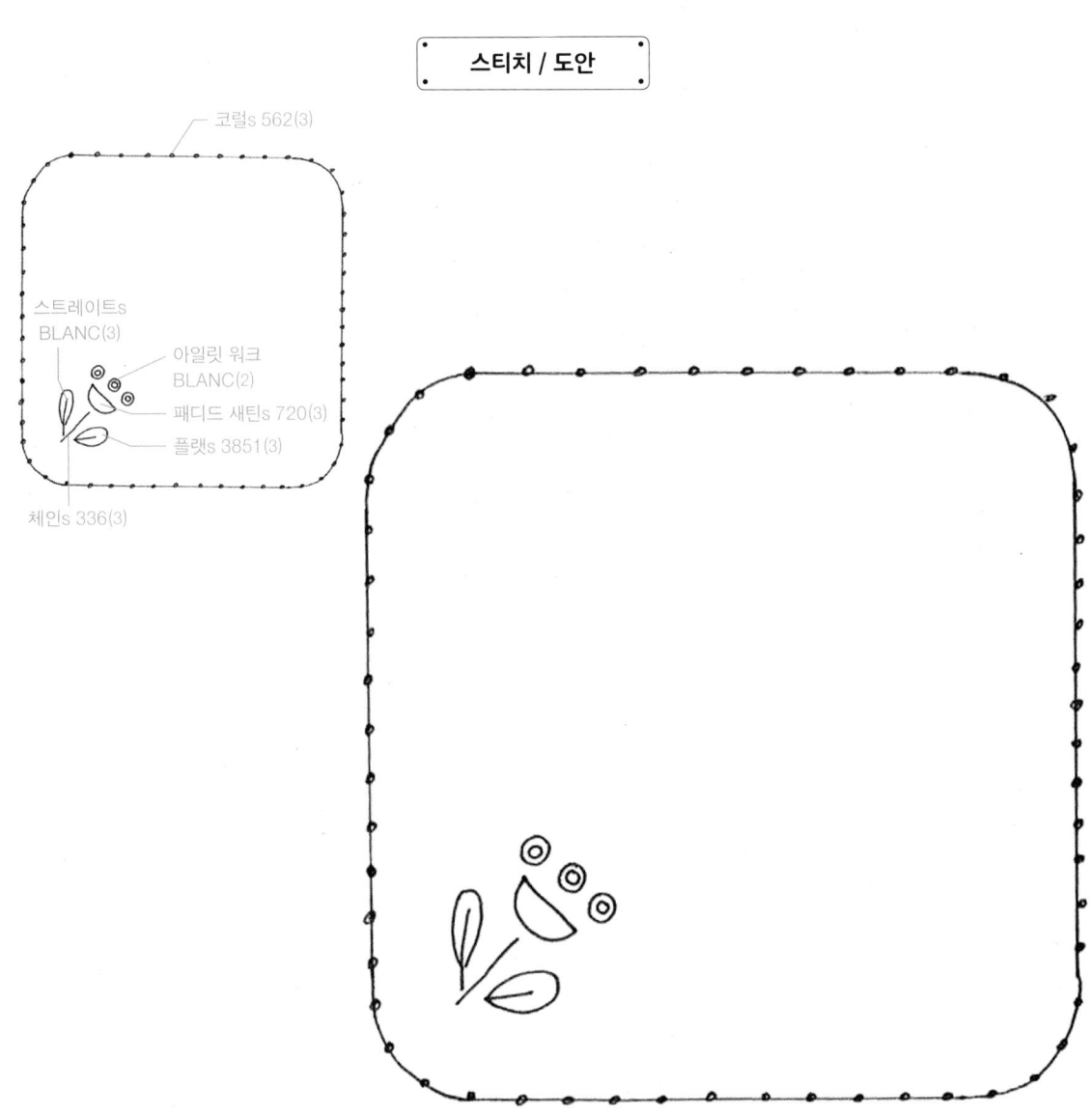

코럴 스티치로 가장자리 마무리하는 법

1 수놓은 원단과 뒷면용 원단을 각각 시접 1cm를 접어서 준비합니다.

2 수놓은 원단과 뒷면용 원단을 안끼리 맞대고 핀으로 고정합니다.

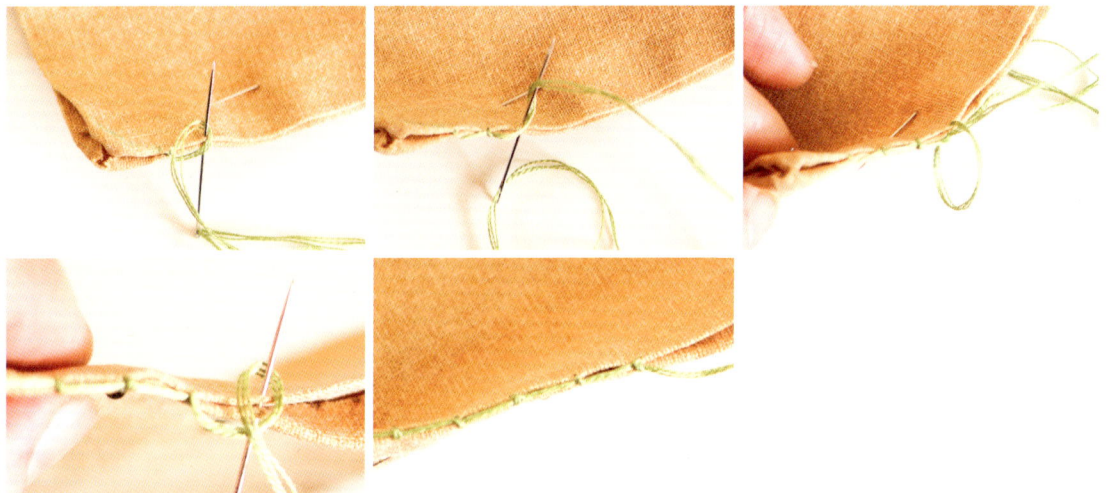

3 일정한 간격의 코럴 스티치로 두 원단을 고정합니다.

Pingo Embroidery
10
입체 모빌 만들기

뜨개질용 자투리 실이나 자수용 모사를 이용해 모빌을 만들어봅니다.
모빌에 사용할 폼폼이는 뜨개질 후 남은 자투리 실을 이용하면 더 풍성한
폼폼이가 만들어집니다.

준비하기

사용한 실   애플톤 울사 345, 695, 696, 698, 871, 762, 984
　　　　　　DMC 25번사 780
　　　　　　DMC 울사 7500

사용한 스티치   버섯 : 롱 앤드 쇼트 스티치, 위빙 스티치, 휠 스티치
　　　　　　그린 장식: 스미르나 스티치
　　　　　　폼폼이 만들기(폼폼이 만들기는 48쪽 참고), 실 꼬아서 끈 만들기(끈 만들기는 44쪽 참고)

기타 재료   나무구슬(지름 1cm, 1.5cm, 2cm), 나뭇가지, 모빌연결용 튼튼한 면사(이 책에서는 프랑스 자수실 780을 꼬아서 사용) 70cm 이상

스티치 / 도안

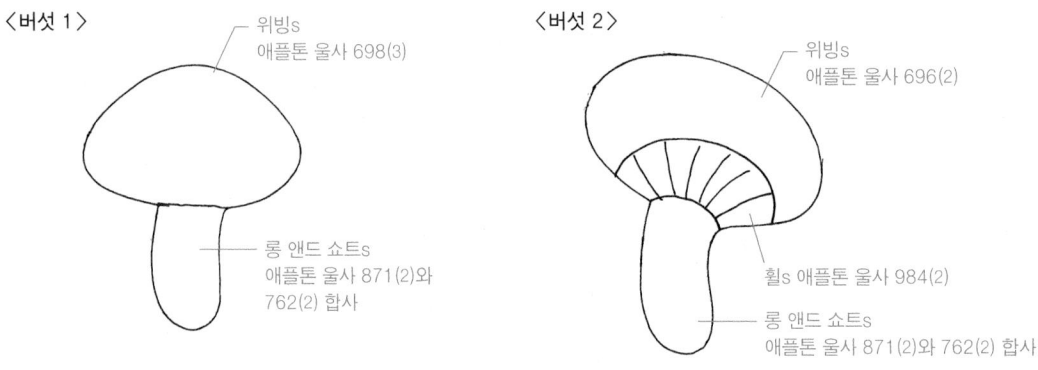

〈 그린 장식 〉

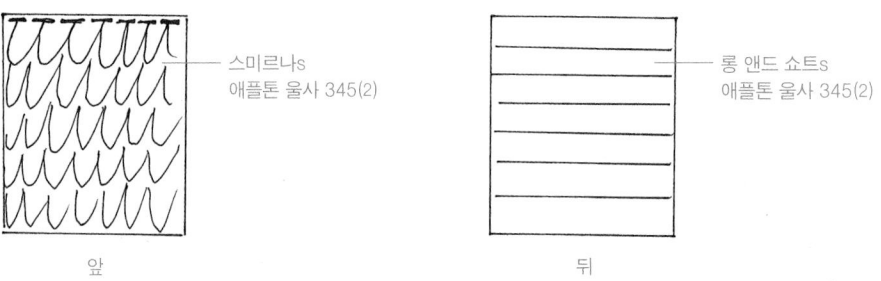

앞　　　　　　　　　　　　　　　뒤

도안

⟨버섯 1⟩

⟨버섯 2⟩

⟨그린 장식⟩

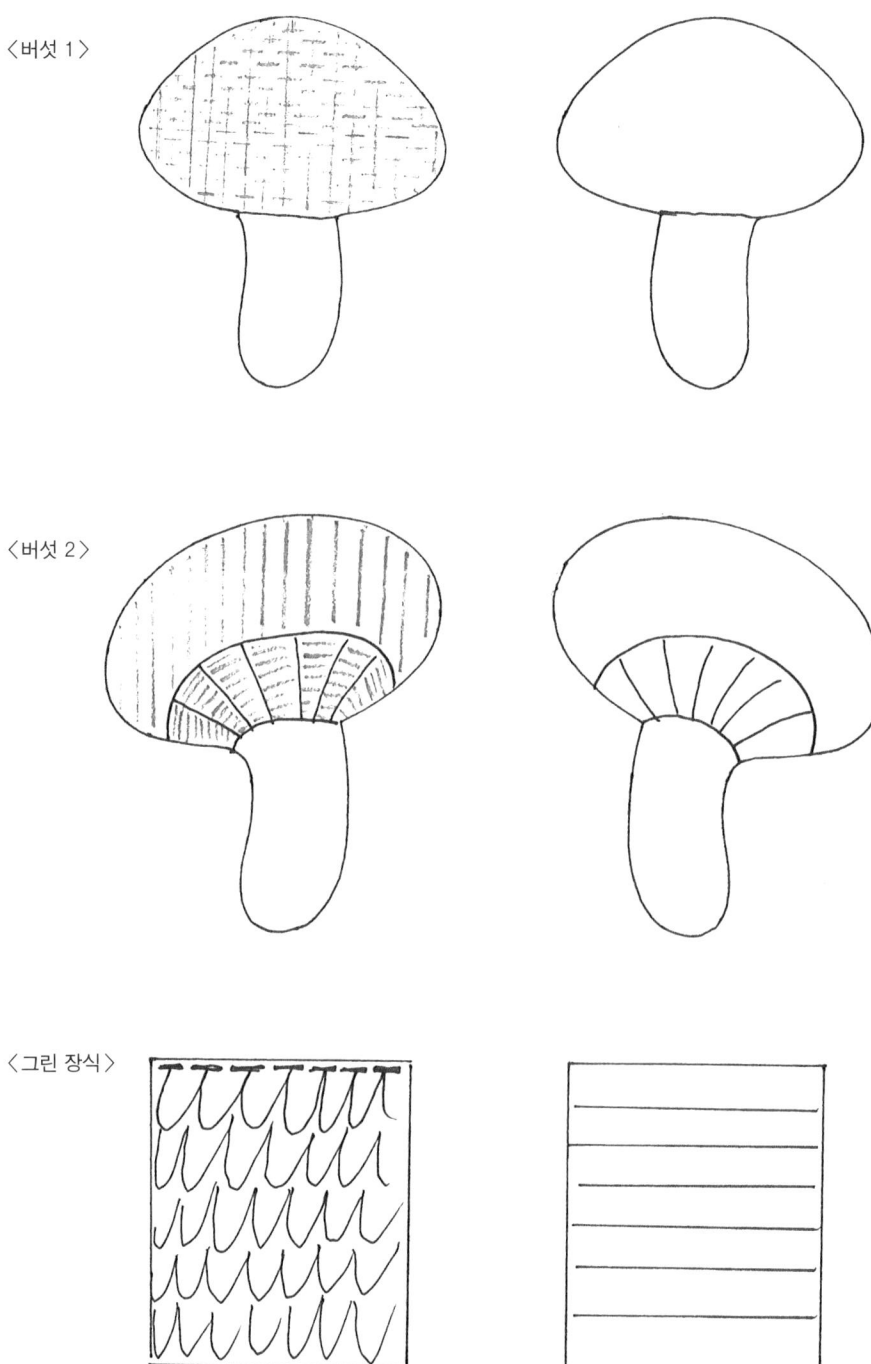

그린 장식 만들기

1 앞면과 뒷면을 수놓습니다.

2 시접을 0.3cm로 잘라 접어줍니다.

3 두 장을 맞대어 감침질로 연결합니다.

4 완성

버섯 장식 만들기

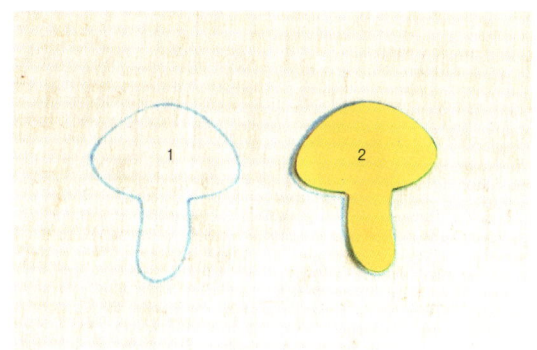

1 버섯의 앞면 1과 뒷면 2를 그립니다.

2 수놓습니다.

3 시접을 0.3cm로 자른 후 접어둡니다(이때 패브릭 본드를 이용하면 잘 고정됩니다. 딱풀도 사용 가능합니다).

4 서로 맞대어 감침질로 창구멍남기고 연결합니다.

5 창구멍으로 솜을 넣고 창구멍을 감침질로 마무리합니다.

모빌 장식 도안 끈에 달기

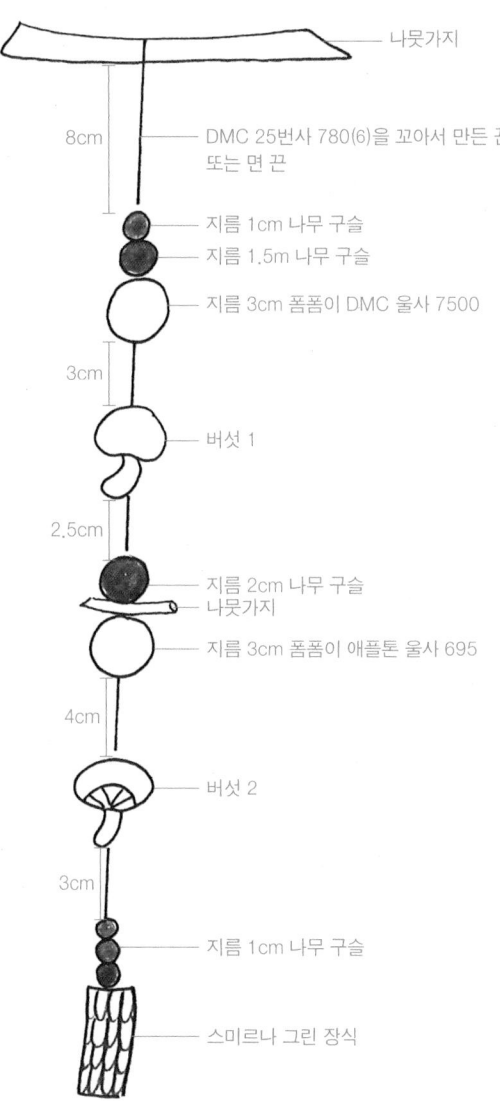

**핑고자수의 개성 가득
자수 소품 레시피**

초판 1쇄 발행 2023년 11월 25일

지은이 이영미
펴낸이 이지은 **펴낸곳** 팜파스
진행 이진아 **편집** 정은아
디자인 조성미
마케팅 김민경, 김서희

출판등록 2002년 12월 30일 제 10-2536호
주소 서울특별시 마포구 어울마당로5길 18 팜파스빌딩 2층
대표전화 02-335-3681 **팩스** 02-335-3743
홈페이지 www.pampasbook.com | blog.naver.com/pampasbook
이메일 pampasbook@naver.com

값 16,800원
ISBN 979-11-7026-607-5 (13590)

ⓒ 2023, 이영미

· 이 책의 일부 내용을 인용하거나 발췌하려면 반드시 저작권자의 동의를 얻어야 합니다.
· 잘못된 책은 바꿔 드립니다.

이 책에 나오는 작품은 저자의 소중한 작품입니다.
작품에 대한 저작권은 저자에게 있으며 2차 수정·도용·상업적 용도·수업 용도의 사용을
금합니다.